CB133866

Jornada API na Prática

Organização e curadoria
Antonio Muniz
Ana Clara Gonzaga Barros
Bárbara Cabral da Conceição
Clara Érica Takayama de Castro
Dorival Querino
Maurício Magnani

Jornada API na Prática

Unindo conceitos e experiências do Brasil para acelerar negócios com a tecnologia

BRASPORT

Rio de Janeiro
2023

Copyright© 2023 por Brasport Livros e Multimídia Ltda.

Todos os direitos reservados. Nenhuma parte deste livro poderá ser reproduzida, sob qualquer meio, especialmente em fotocópia (xerox), sem a permissão, por escrito, da Editora.

Editor: Sergio Martins de Oliveira
Gerente de Produção Editorial: Marina dos Anjos Martins de Oliveira
Editoração Eletrônica: Abreu's System
Capa: Trama Criações

Técnica e muita atenção foram empregadas na produção deste livro. Porém, erros de digitação e/ou impressão podem ocorrer. Qualquer dúvida, inclusive de conceito, solicitamos enviar mensagem para **editorial@brasport.com.br**, para que nossa equipe, juntamente com o autor, possa esclarecer. A Brasport e o(s) autor(es) não assumem qualquer responsabilidade por eventuais danos ou perdas a pessoas ou bens, originados do uso deste livro.

J82 Jornada API na prática : unindo conceitos e experiências do Brasil para acelerar negócios com a tecnologia / Antonio Muniz ... [et al.]. – Rio de Janeiro: Brasport, 2023.
232 p. : il ; 17 x 24 cm.

Inclui bibliografia.
ISBN 978-65-88431-97-9

1. Arquitetura da informação. 2. Segurança da informação. 3. Programação (Computadores). I. Muniz, Antonio. II. Barros, Ana Clara Gonzaga. III. Conceição, Bárbara Cabral da. IV. Castro, Clara Érica Takayama de. V. Título.

CDU 004

Catalogação na fonte: Bruna Heller (CRB10/2348)

Índice para catálogo sistemático:
1. Arquitetura da informação 004

BRASPORT Livros e Multimídia Ltda.
Rua Washington Luís, 9, sobreloja – Centro
20230-900 Rio de Janeiro-RJ
Tel./Fax: (21)2568.1415
e-mails: marketing@brasport.com.br
vendas@brasport.com.br
editorial@brasport.com.br
www.brasport.com.br

Sobre a Jornada Colaborativa

Juntos somos mais inteligentes e transformamos mais vidas!

Era uma vez um professor universitário que sonhava lançar um livro quando finalizou o mestrado em 2006.

Depois de algumas ideias para publicação em temas como certificação Microsoft, gestão de projetos e gestão de serviços, o sonho começou a ser concretizado em 2017 com o livro "Jornada DevOps", mas alguns obstáculos travaram sua evolução após a definição da estrutura final para a certificação oficial EXIN e a escrita de três capítulos.

Em setembro de 2018, durante sua palestra na PUC Minas, surgiu um *click*: "será que outras pessoas apaixonadas por *DevOps* ajudariam com a escrita colaborativa?" Dezenas de pessoas aceitaram o convite, e o livro foi lançado para 350 pessoas no dia 06 de junho de 2019 no Centro de Convenções SulAmérica no Rio de Janeiro, após um intenso trabalho coordenado com pessoas de várias cidades que nunca haviam trabalhado juntas antes.

Após essa experiência bem-sucedida com muitos aprendizados, a escalada dos times gerou grandes amizades, novas iniciativas e conseguimos doar R$ 482.631,97 para instituições carentes com o lançamento dos primeiros 22 livros em 27 eventos Jornada Summit com mais de 19 mil participantes.

Sonhamos transformar mais vidas somando a inteligência coletiva e o apoio de empresas amigas...

<www.jornadacolaborativa.com.br>
<https://www.linkedin.com/company/jornadacolaborativa>

Prefácio

Taiolor Morais

Os mais novatos na área de tecnologia acreditam que as APIs são elementos técnicos recentes, e que toda essa forma de integração de fácil acesso é novidade. Eles não estão errados. Entretanto, APIs fazem parte dos softwares há muito tempo e existem literaturas desde o final da década de 60 que descrevem a utilização de dados estruturados baseados em invocações remotas e padronizadas. Se dermos passos para frente na história, um grande e bom exemplo de estruturas bem definidas de APIs são os sistemas operacionais. Todos eles possuem interfaces de comunicação, seja para mandar comandos (teclado, mouse, telas) e/ou receber respostas (disco, memória, processamento de CPU). E nós não temos dúvidas de que, se os sistemas operacionais não fossem tão bem documentados, abertos e pautados através dessas interfaces, as suas adoções ao longo das décadas não teriam tanto sucesso – afinal, os desenvolvedores ficariam malucos buscando entender cada padrão ou forma de comunicação entre seus aplicativos e a máquina.

Entre os anos de 2016 e 2021, tive a honra e o privilégio de ser parte da fundação e liderar a primeira equipe de governança de APIs do maior banco privado do hemisfério sul. Nosso desafio era justamente ajudar a organizar o tema sob os aspectos técnicos, de negócios e principalmente da cadeia de valor. Naquele momento, o banco já havia produzido centenas de APIs, todas em produção e entregando resultados nos canais digitais (celulares, sites, caixas eletrônicos, estações administrativas em diversas formas) através das interfaces, porém careciam de uma organização conceitual no tema.

O grande desafio era justamente documentar em um formato padrão, dar visibilidade em nível de catálogo no estilo somente leitura, com recebimento de novos conteúdos automaticamente, para que todas as áreas que precisassem saber da existência das funcionalidades tivessem acesso livre. Necessário fazer jus ao poder de reúso (economia de escala e manutenibilidade gerenciada através de versionamentos lógicos), incentivar os times a estudarem o tema e buscarem cada vez mais autonomia baseada em conhecimento e não em feito-conferido por um time centralizado (no caso o nosso), evitar burocracia no processo com introdução aos elementos de *DevSecOps* – e aqui cabe um parênteses que de fato superar as etapas da burocracia não foi fácil no início, no meio e até no fim, pois todo e qualquer elemento que é colocado no ciclo de desenvolvimento de software gera gargalos e pontos de interrogações sobre o valor daquela etapa. Além disso, era necessário garantir que cada time de desenvolvimento (na época, uma população ativa de potenciais nove mil desenvolvedores) pudesse entregar seus códigos de *backend* e/ou BFF (*Backend For Frontend*) agnósticos ao contrato da API que estava sendo exposta. Essa era a maior mágica para todos.

Outro fator de importância foi o entendimento da infraestrutura de exposição. Havia APIs conectadas no *mainframe* em softwares x86, onde elementos cruciais da arquitetura, discussões sobre virtualização de serviços através de APIs, *sandbox* para testes *mocks*, protocolos de segurança e notações adaptadas ao contexto faziam toda a diferença na performance das aplicações, com um olhar obstinado em entregar a melhor experiência para o cliente lá na ponta, não importando qual canal consumidor. Mudar a cultura do desenvolvimento das APIs e trazer um novo *mindset* baseado na autodocumentação dentro de um processo foi um dos maiores desafios em questão. Não bastava apenas entregar um ativo de integração técnico exposto em uma interface de rede (interna, externa ou pública), mas entender qual é o real valor de entrega ao negócio através da API, o que ela faz e como se usa.

Superada a fase de questionamento e entrega de valor, o próximo desafio foi multiplicar toda essa estrutura de governança em formato não intrusivo, cada vez mais automatizada e liberta da centralização de pessoas que avaliassem e aprovassem os contratos das suas APIs. Aquilo encontrou muita inovação através de algoritmos de validação (conceituais, organizacionais, de arquitetura e técnicos) em processos documentados, evolutivos, garantindo versionamentos técnicos e conceituais de forma ágil. Deu certo! Em cinco anos nos tornamos um *benchmark* para o mercado nacional e internacional, chegando de forma consistente ao nível 6 (de 7) na avaliação de maturidade em modelo de arquitetura para APIs. Novos elementos foram agregados ao longo da jornada, como padronização de *log*, um grande enxoval de monitoração e diversas técnicas de abstração de complexidade com muita infraestrutura como código.

Toda essa jornada trouxe muito aprendizado e riqueza para o ecossistema e – por que não – influência na tecnologia no país. Anos depois, nosso time contribuiu fortemente para o início do *open banking* no Brasil, sendo parte integrante dos comitês das confederações responsáveis e GTs técnicos de definição dos padrões das APIs e que estão hoje plenamente em atividade, servindo de referência para outras iniciativas, como *open insurance*.

Atualmente, liderando a primeira e maior *insurtech* da América Latina, que já nasceu *API First*, leve, moderna e ágil, vejo ainda mais latente o poder que as APIs entregam. Tudo que criamos por aqui tem um norte claro para multicanalidade, integração e entrega de valor final para clientes (B2C) ou parceiros (B2B2C). Não há como dissociar o sucesso e a velocidade das entregas através das APIs, somadas às nossas estratégias técnicas utilizando os padrões de microsserviços em *cloud*, bem como o crescimento com flexibilidade das novas *business features* para as diversas características (regulatórias ou de experiência para o cliente) dos produtos de seguros.

Hoje é totalmente agregador pessoas das áreas de produtos especificarem contratos e notações, através de uma linguagem ubíqua e naturalmente aplicada ao contexto final de utilização, ou mesmo um agente comercial ter habilidades para entender e fazer negócios vendendo APIs como serviço. Antes de criar sua aplicação, pense em como será exposta sua API. Antes de pedir uma nova funcionalidade, pergunte se já não existe uma API para tal finalidade. Muitas barreiras foram quebradas na tecnologia através dessa forma interativa de trocar informações. Não há mais por que defender linguagem de programação X ou Y – o que importa é: exponha sua funcionalidade, me dê acesso (segurança não é opcional) e diga como eu consumo.

Fico extremamente grato em contribuir com mais esta obra literária da Jornada Colaborativa, através do convite de Antonio Muniz. Reunir pessoas tão seletas e qualificadas em torno de um tema tão apaixonante e fascinante quanto as APIs é incrível, e este livro fará toda a diferença nas carreiras e nas vidas de muitas pessoas que lerem o conteúdo.

E, para fechar, trago uma reflexão para o relato: é preciso ter a mente aberta para entender que APIs não são somente interfaces técnicas voltadas para desenvolvedores. Vimos com o passar dos anos que as APIs se tornaram os mais lindos ativos de democratização e integração dentro do contexto de tecnologia, unido áreas, pessoas, evoluindo produtos, fazendo novos negócios e contribuindo genuinamente para a melhor experiência das soluções criadas mundo afora.

API First: this is the way, for there is no other.

Apresentação da Jornada API na prática

O nosso time de curadores e autores somou uma visão técnica e de negócios neste livro porque no mundo atual existe uma simbiose entre tecnologia e experiência do cliente.

Após lançarmos 22 livros sobre *DevOps*, desenvolvimento de software, agilidade e liderança, fica evidente que toda empresa depende cada vez mais da colaboração entre os times de tecnologia e negócios para alcançar resultados em um mundo em que o cliente tem opção na palma da mão e não está disposto a esperar pela demora na entrega de serviços que dependem totalmente de software.

As empresas dependem cada vez mais de APIs para acelerar a transformação digital – basta observar as suas ações diárias para perceber o quanto essa iniciativa é tão importante. Por exemplo, quando você faz um cadastro em um novo site, já percebeu que na maioria das vezes é possível aproveitar a sua conta do LinkedIn, Instagram ou Google para fazer o *login*?

O uso de API é tão importante para os negócios que a Forbes classificou 2017 como o ano da economia API (COLUMBUS, 2017):

A Forbes levou três fatores em consideração para essa definição:

1. As organizações e suas equipes de TI estão começando a se concentrar mais em estratégias exclusivas de consumo de API.
2. As APIs estão se tornando rapidamente facilitadoras de modelos de negócios de serviços e vendas onicanal.
3. As melhores APIs estão começando a refletir os requisitos da persona e da jornada do cliente.

Em artigo do Gartner (PETTEY, 2017), Paolo Malinverno, vice-presidente de pesquisa do Gartner, destaca que "estamos construindo uma sociedade digital na qual o mundo virtual e o mundo físico se fundem e na qual tudo e todos estão conectados", e "já vivemos em uma economia de API em que os CIOs devem olhar além das APIs como tecnologia e, em vez disso, construir modelos de negócios, estratégias digitais e ecossistemas de suas empresas com base nelas".

Segundo esse mesmo artigo, CIOs e diretores digitais (CDOs) devem se concentrar em dez pontos principais para o uso adequado de APIs:

1. Sua estratégia (digital) impulsiona seu programa de API
2. Adapte suas experiências de API para seus consumidores de API
3. Use *hackathons*, mas entenda seus limites
4. Se você construir, eles podem não vir
5. Monetização é muito mais do que cobrança de ligações
6. APIs permitem bimodal, e bimodal requer APIs
7. APIs são portas para seus dados e aplicativos: cuide da segurança
8. Não crie seu próprio gerenciamento de API
9. A arquitetura moderna de aplicativos depende de APIs
10. Consumir APIs será mais comum do que expor APIs

O livro "Jornada API na Prática" contribui diretamente com essa união entre tecnologia e negócio, com o repertório de especialistas e experiências variadas. Essa é a essência da nossa Jornada Colaborativa, que teve neste livro a liderança da Ana Clara Gonzaga, que me ajudou a seguir com minhas atribuições na mentoria de novas lideranças, visando mobilizar novas pessoas apaixonadas por transformar mais vidas com a cultura colaborativa e a inteligência coletiva.

Gosto de reforçar em minhas palestras e mentorias a importância de adaptar as práticas que funcionam no Vale do Silício para a realidade brasileira, porque nossas organizações vivem contextos específicos. Temos orgulho de mais um lançamento com experiências brasileiras.

Parabéns ao time organizador e aos autores pelo excelente resultado e em especial para Ana Clara Gonzaga e Clara Érica pelo forte engajamento e atitude de liderança para concretizar mais um sonho colaborativo!

Antonio Muniz
Fundador da Jornada Colaborativa, CEO Advisor10X

Sumário

PARTE I.
SOBRE APIS

PARTE II.
GESTÃO DE APIS

PARTE IV.
ARQUITETURA NO USO DE APIS

PARTE V.
CASES

PARTE I.
SOBRE APIS

1. O que é uma API?

José João F. Machado

API significa *Application Program Interface*, e a implementação desse conceito nos permite executar funções ou serviços de um sistema de forma padronizada, abstraindo a complexidade envolvida na execução da tarefa. APIs são mecanismos que permitem que dois componentes de software se comuniquem usando um conjunto de definições e protocolos (AWS, s.d.).

Toda API expõe um contrato de comunicação para que o seu utilizador possa executar as operações disponíveis. A ideia de ter uma interface que abstrai a complexidade e facilita a integração entre componentes de um sistema é um conceito base no desenvolvimento de software. Esse modo de pensar e organizar os componentes favorece a manutenibilidade, que, por sua vez, está ligada à facilidade de executar correções e implementar evoluções no software.

Apesar de nem toda API ser *web*, foram elas que tornaram o assunto tão comum no nosso dia a dia.

A primeira vez que esse tema foi descrito na comunidade científica foi no artigo "Data structures and techniques for remote computer graphics", de Ira W. Cotton e Frank S. Greatorex Jr, em 1968. Depois em 1974 o termo "API" foi introduzido na área de banco de dados no artigo "The Relational and Network Approaches: Comparison of the Application Programming Interface", de CJ Date e E. F. Codd. Já na década de 90 Carl Malamud definiu API como: "a set of services available to a programmer for performing certain tasks" (TRANSPARENT DATA, 2022). Nesse contexto, as APIs eram utilizadas para execução de serviços locais na maioria das vezes – elas podiam ser executadas de forma remota pela rede, porém a *web* ainda não era difundida. Um exemplo é a API do Windows – através dela os programas conseguem acessar o sistema de arquivos, a rede, a interface gráfica do usuário, entre outros muitos recursos.

No ano 2000 Roy Fielding escreveu sua famosa dissertação de PhD "Architectural Styles and the Design of Network-based Software Architectures", onde ele descreve o estilo arquitetural REST que hoje é um padrão da indústria de software. Mas essa disseminação das APIs já na *web* e utilizando REST demorou alguns anos e foi impulsionada pelos *smartphones* a aplicativos *web*, que necessitavam de um protocolo mais leve e mais flexível do que os *web services* SOAP.

Nos dias atuais, quando criamos um aplicativo *web* ou *mobile*, podemos facilmente integrá-lo a diversas APIs. Um exemplo é a API do Google Maps. Com poucas linhas de código sua aplicação incorpora uma ferramenta incrível para navegação. O grande poder das APIs e o principal motivo para criação delas são o seu grande poder de integração e a reutilização da inteligência de sistemas especialistas. A literatura nos traz a visão das APIs como pilar central para o sucesso das grandes empresas de tecnologia. "Empresas pioneiras como Google, Facebook, Apple e Twitter expuseram soluções tecnológicas incríveis ao público, transformando negócios existentes e criando novas indústrias. O ponto central para o sucesso dessas empresas são as APIs que conectam as pessoas e seus dispositivos de computação" (JACOBSON; BRAIL; WOODS, 2011).

Hoje a maioria das empresas está trabalhando para ter um ecossistema de APIs que atenda aos parceiros de negócio e aos seus clientes de forma eficiente e evolutiva. Dessa forma, cria-se um ambiente colaborativo, onde empresas compartilham *expertise* e se abrem para novas oportunidades. Como exemplo podemos citar o *open banking* e *open insurance*.

2. API aberta

Mari Tsuguta Sekine

Open API ou API aberta é uma interface de programação de aplicativo disponibilizada publicamente na internet para qualquer pessoa utilizar.

Uma API aberta é uma API disponível para todos. Mas isso não significa que seja uma API livre sem autenticação, sem controle ou sem custos. O conceito do "open" tem a ver com o fato de a API estar disponível para todos.

A necessidade de transformação digital urgente provocada pela pandemia do COVID-19 acelerou ainda mais a adoção de APIs para criar oportunidades de negócios para empresas que precisam inovar e estar cada vez mais digitais e conectadas. Essa mudança também é impulsionada pelo compartilhamento de dados, um recurso valioso.

As *open APIs* facilitam essa troca de informações e dados de forma mais eficiente e são capazes de criar pontes entre diversas aplicações e plataformas no mundo virtual, sem que seja perceptível para os usuários.

Grandes empresas de tecnologia oferecem *open APIs* para integração e troca de informações.

As APIs abertas podem ser públicas – neste caso, são compartilhadas gratuitamente sem permissão especial para acesso. Um exemplo são as APIs que consultam o código postal (CEP) para cálculo de frete.

Exemplo de API aberta que consulta o CEP 01001-000.

Resultado em formato JSON:

```
{
  "cep": "01001-000",
  "logradouro": "Praça da Sé",
  "complemento": "lado ímpar",
  "bairro": "Sé",
  "localidade": "São Paulo",
  "uf": "SP",
  "ibge": "3550308",
  "gia": "1004",
  "ddd": "11",
  "siafi": "7107"
}
```


Disponível em: <https://viacep.com.br/ws/01001000/json/>.

Outro exemplo é o *open banking*, onde é possível obter várias informações de qualquer banco. Um exemplo é através do *link* <https://api.itau/open-banking/channels/v1/electronic-channels>, onde é possível obter os canais de atendimento eletrônico do Itaú.

Parte do resultado em formato JSON:


```
{"data":{"brand":{"name":"Itaú","companies":[{"name":"ITAÚ UNIBANCO HOLDING S.
A.","cnpjNumber":"60872504000123","urlComplementaryList":"NA","electronicChan
nels":[{"identification":{"type":"CHAT","additionalInfo":"NA","urls":["https://
www.bancofiat.com.br"]},"services":[{"name":"OPERACOES _ CREDITO _ BEM _ COMO _
OUTROS _ SERVICOS _ PRESTADOS _ ACOMPANHAMENTO _ OPERACAO","code":"OPERA _
CREDITO _ OUTROS _ SERVICOS _ ACOMPANHA _ OPERACAO","additionalInfo":"Finan
ciamento Veiculos"},{"name":"OUTROS _ PRODUTOS _ SERVICOS","code":"OUTROS _
PRODUTOS _ SERVICOS","additionalInfo":"Emissão de boletos, demonstrativo de
IR, CET,  extrato para portabilidade"},{"name":"INFORMACOES","code":"INFOR
MACOES","additionalInfo":"Informações referente ao contrato, pagamentos,
dúvidas dos clientes."},{"name":"RECLAMACOES","code":"RECLAMACOES","additiona
lInfo":"NA"}]},{"identification":{"type":"INTERNET _ BANKING","additionalInfo":"
NA","urls":["https://www.itau.com.br/abrir-conta"]}
```


Outro exemplo de grande utilização de APIs abertas são as APIs de *logins* com redes sociais. Elas evitam o desgaste do usuário em ter que se cadastrar em todos os *apps*, sites e sistemas.

Logins com redes sociais aceleram a criação de perfis nos aplicativos, fazendo com que a experiência do usuário seja mais fluida. É possível usar *logins* de terceiros, como Facebook, Google, Twitter, Apple, e até de bancos como Bradesco e Banco do Brasil. A percepção imediata é de que as APIs abertas facilitam conexões com novos clientes em um mundo onde os sistemas estão cada vez mais interconectados!

A integração proporcionada pelas APIs consegue dar acesso a diversos serviços, dados e funcionalidades que as empresas podem adicionar em seus sistemas para acelerar sua digitalização e inovação frente ao mercado.

Quando uma API é transformada em *open API*, aumentamos sua utilidade para desenvolvedores de software, permitindo que integrem seus sites e aplicativos às APIs abertas que fornecem soluções, acelerando assim o crescimento de seus negócios.

De acordo com uma pesquisa realizada com mil CIOs pelo Google em parceria com a Oxford Economics, "as empresas que mais investiram nas APIs, para facilitar parceiras externas, relataram um crescimento de 6,7% na sua receita anual nos últimos três anos, contra 4,9% dos demais" (GOOGLE CLOUD; OXFORD ECONOMICS, 2020).

Analisando um exemplo da API de pesquisa do Google, imagine que uma empresa queira construir um relatório com o índice de popularidade de um determinado produto. Uma maneira de fazer isso seria examinar o número de resultados de pesquisa do Google para esse produto. Consultando esse número por um certo período, terá uma ideia geral de como a popularidade desse produto está se comportando na internet.

Veja como esse tipo de projeto aconteceria com APIs abertas: a empresa "A" aborda o desenvolvimento de negócios do Google e propõe uma parceria para um contador de popularidade do produto. O Google decide que o projeto é muito pequeno e rejeita. Ou decide fazê-lo, mas precisa cobrir os custos de negociação, redação de documentos e manutenção de uma maneira para a empresa "A" obter esses dados, o que fica caro e complicado. É por isso que o desenvolvimento de negócios muitas vezes é um gargalo, e os negócios não são fechados a menos que sejam grandes.

No modelo de desenvolvimento de negócios descentralizado e de autoatendimento com base em APIs abertas, o Google cria uma API aberta genérica, a empresa "A" encontra e usa a API sem nunca se aproximar do Google, cria um produto e segue as regras de uso – o Google pode exigir um logotipo "desenvolvido pelo Google", com *links* para seus serviços de pesquisa, por exemplo. Depois de um tempo, o serviço da empresa "A" pode se tornar popular o suficiente para garantir um acordo direto com o Google. E mesmo que isso não aconteça, o Google obtém o benefício de ter milhares de pequenos projetos construídos em suas APIs que, somados, podem ter uma escala real.

As organizações estão percebendo que uma maneira de obter a adoção generalizada dos serviços que fornecem é disponibilizar uma API aberta para que o público possa acessá-los de maneiras novas e criativas.

Assim como o software de código aberto possibilita que o desenvolvimento de software aconteça de maneira descentralizada e mais *self-service*, as *open APIs* permitem que o mesmo aconteça para a produção de novas ideias e o desenvolvimento de novos negócios.

Enfim, as APIs abertas podem aumentar significativamente a receita das empresas; no entanto, vale lembrar que abrir informações ao público pode criar uma série de desafios de segurança e gerenciamento. Ao publicarem APIs abertas, as organizações não conseguem controlar a experiência que os usuários finais têm com seus ativos de informação ou garantir que os aplicativos clientes tenham a aparência da sua marca.

3. Solicitação HTTP

Ricardo Mendes

O HTTP é um protocolo de comunicação, ou seja, uma convenção de regras e padrões que controla e possibilita uma conexão e troca de dados entre dois sistemas computacionais (COSTA, 2021).

Quando acessamos um site, o navegador busca as informações que serão exibidas para o usuário em algum servidor *web* através do HTTP.

As APIs também utilizam esse protocolo para se comunicar com o cliente que está enviando a requisição ou com outras APIs. Por exemplo, o cálculo do valor total de uma compra dentro de um *e-commerce* seria feito dessa forma:

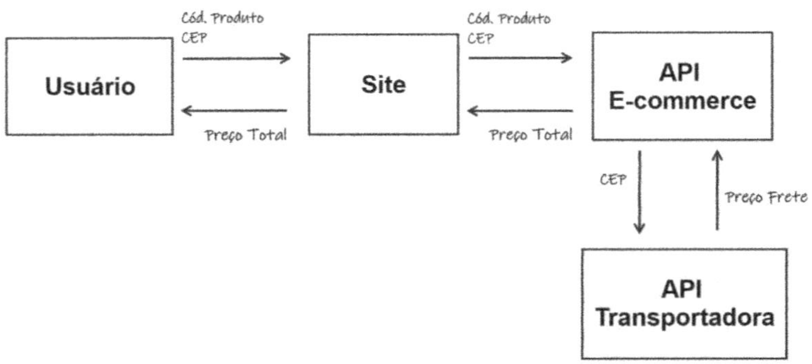

Figura 3.1. Solicitação HTTP.Fonte: o autor.

1. O usuário informa os códigos dos produtos e o CEP de destino no cliente da requisição, que pode ser, por exemplo, um site ou aplicativo.
2. O cliente envia esses dados para API do *e-commerce*, que calcula o valor do total com base nos produtos escolhidos mais o valor do frete.
3. A API do *e-commerce* se comunica com a API da transportadora informando o CEP do usuário, que responde a essa requisição com o preço cobrado, permitindo que a API do *e-commerce* some esse valor com os preços dos produtos.

Nota-se que o cliente não precisa se comunicar com a API da transportadora, pois utilizando o protocolo HTTP a API do *e-commerce* consegue se comunicar tanto com o cliente quanto com qualquer outra API. Para a troca dessas informações, os modelos mais utilizados são o JSON e o XML. Vamos entender mais sobre eles utilizando o cenário anterior novamente como exemplo.

JSON (*JavaScript Object Notation*)

É uma formatação utilizada para estruturar dados em formato de texto e transmiti--los de um sistema para outro (SOUZA, 2020). Esse formato possui convenções que são semelhantes a outras linguagens, o que torna o JSON um modelo ideal para integração de dados.

Envio do JSON para a API do *e-commerce* para solicitação do valor total:

```
{
    "codigos_dos_produtos": [ 1001, 1002,1003],
    "cep":"12345678"
}
```

Resposta da API com o valor total para o cliente:

```
{
    "valor_total": 800.00
}
```

XML (*Extensible Markup Language*)

É uma linguagem de marcação, ou seja, um conjunto de códigos para determinar a estrutura de dados e facilitar a troca de informação entre sistemas computacionais (ANDRADE, 2019). Ele é um pouco mais verboso do que o JSON, pois é baseado em *tags* e não suporta listas ou *arrays* de forma nativa, sendo necessário repetir toda a estrutura para cada item.

Envio do XML para a API do *e-commerce* para solicitação do valor total:

```
<?xml version="1.0" encoding="UTF-8" ?>
<root>
  <codigos _ dos _ produtos>
         <codigo>1001</codigo>
         <codigo>1002</codigo>
         <codigo>1003</codigo>
 </codigos _ dos _ produtos>
  <cep>12345678</cep>
</root>
```

Resposta da API com o valor total para o cliente:

```
<?xml version="1.0" encoding="UTF-8" ?>
<root>
  <valor _ total>800.00</ valor _ total >
</root>
```

Conclui-se que o JSON, por ter um formato mais simples e leve, é o modelo mais utilizado para comunicação entre APIs. Um outro ponto a favor dele é que os sites são desenvolvidos na linguagem de programação JavaScript, que já tem uma integração nativa com o JSON, o que facilita a integração com as APIs. Um ponto de atenção importante é que há muitos sistemas legados que ainda utilizam o XML. Por isso precisamos estar atentos na integração com APIs de terceiros para saber qual o modelo de comunicação.

4. Resposta HTTP

Ricardo Mendes

O protocolo HTTP possui vários códigos que têm por objetivo fornecer o resultado da solicitação feita (FIELDING; RESCHKE, 2014).

Quando acessamos algum site ou quando uma API tenta se comunicar com outra é feita uma requisição para o servidor, que responde à solicitação com esse código.

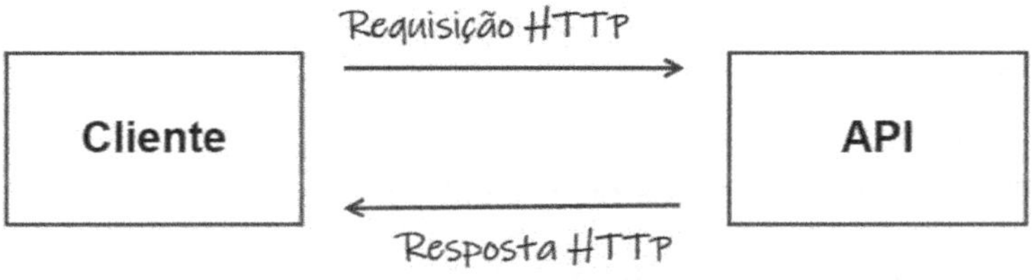

Figura 4.1. Resposta HTTP.
Fonte: o autor.

Esses códigos têm três dígitos e são agrupados em cinco categorias, que serão apresentadas ao longo do capítulo.

1xx (respostas de informação)

As respostas dessa categoria indicam que o servidor recebeu a solicitação e que está pronto para continuar o processo.

- 100 (*Continue*)
Indica que tudo ocorreu bem até agora com a solicitação que ele fez e que o cliente deve continuar com a requisição, caso ele queira.

- 101 (*Switching protocol*)
Indica que o servidor está trocando o protocolo de comunicação.

- 102 (*Processing*)
Indica que o servidor ainda está processando a requisição.

2xx (respostas de sucesso)

As respostas dessa categoria indicam que a solicitação foi recebida e processada com sucesso pelo servidor. Quando acessamos uma página *web* e ela é exibida com sucesso, é porque o servidor respondeu à requisição com alguma dessas respostas.

- 200 (OK)
Essa resposta indica que a requisição foi feita com sucesso.

- 201 (*Created*)
Indica que a requisição foi feita com sucesso e que um novo recurso foi criado, como, por exemplo, a inserção de um registro no banco de dados.

- 202 (*Accepted*)
Indica que a requisição foi recebida, mas nenhuma ação foi feita. É indicado para casos em que outro processo lida com a requisição.

-203 (*Non-authoritative information*)
Indica que a requisição foi feita com sucesso, porém as modificações foram feitas por um terceiro.

- 204 (*No content*)
É usado para solicitações que atualizam um recurso sem enviar uma resposta de volta para o cliente. Por exemplo: quando não precisa atualizar o conteúdo da página.

- 205 (*Reset content*)
Informa ao cliente para redefinir a visualização do documento que fez o envio da requisição.

- 206 (*Partial content*)
O servidor atendeu com sucesso à requisição que foi feita, solicitando apenas uma parte do conteúdo.

3xx (respostas de redirecionamento)

As respostas dessa categoria indicam que o cliente que fez a requisição será redirecionado para outra página.

- 300 (*Multiple choices*)
Indica que a requisição pode ter mais de uma resposta possível.

- 301 (*Moved permanently*)
Indica que a página solicitada mudou para uma nova URL.

- 302 (*Found*)
Indica que a página solicitada mudou temporariamente para uma nova URL.

- 304 (*Not modified*)
É usada normalmente para informações sobre *cache*, pois indica se a resposta teve ou não alteração.

4xx (respostas de erro do cliente)

As respostas dessa categoria indicam que o cliente fez a solicitação de maneira errada ou está tentando acessar um recurso inexistente.

- 400 (*Bad request*)
O servidor não atendeu à requisição, pois o cliente fez a solicitação de maneira inválida.

- 401 (*Unauthorized*)
A requisição não foi autorizada.

- 402 (*Payment required*)
O objetivo dessa resposta é ser utilizado para sistemas de pagamento, porém não está sendo usado. Está reservado para o futuro.

- 403 (*Forbidden*)
O servidor se recusou a responder a requisição.

- 404 (*Not found*)
A solicitação ou recurso não foi encontrado.

- 405 (*Method not allowed*)
A solicitação foi feita usando um método não permitido pelo servidor.

- 406 (*Not acceptable*)
O servidor não pode produzir uma resposta aceita pelo cliente.

– 407 (*Proxy authentication required*)
É equivalente ao status 401, porém é necessário que a autenticação seja feita via *proxy*.

- 408 (*Request timeout*)
A requisição expirou aguardando o pedido.

- 409 (*Conflict*)
A requisição não pôde ser completada devido a um conflito na solicitação.

- 413 (*Request entity too large*)
A requisição foi negada porque o conteúdo da solicitação foi muito grande.

- 414 (*Request-URI too long*)
A requisição foi negada porque a URL é muito longa.

- 415 (*Unsupported media type*)
A requisição foi negada porque o tipo de mídia não é suportado.

5xx (respostas de erro do servidor)

As respostas dessa categoria indicam que aconteceu algum erro no servidor e a solicitação não será atendida.

- 500 (*Internal server error*)
O servidor encontrou um erro inesperado.

- 501 (*Not implemented*)
O método da requisição não é suportado pelo servidor.

- 502 (*Bad gateway*)
Indica que o servidor recebeu uma resposta inválida de outro servidor.

- 503 (*Service unavailable*)
O servidor está indisponível.

- 504 (*Gateway timeout*)
Esta resposta de erro é dada quando o servidor está atuando como um *gateway* e não obtém uma resposta a tempo.

- 505 (HTTP *version not supported*)
A versão HTTP usada na requisição não é suportada pelo servidor.

Podemos concluir que, para construção de uma API, temos que enviar as respostas de acordo com o que aconteceu no processamento. Uma resposta com status 200 não pode conter erros. Não podemos burlar isso enviando, por exemplo, uma mensagem de erro. Temos que seguir o protocolo e devolver a resposta adequada.

5. Interações HTTP

Jackson Machado

De maneira geral, a forma de comunicação das APIs HTTP se dá por meio de solicitação-resposta que ocorre de maneira linear. Com isso, permite-se que os clientes enviem uma solicitação no padrão HTTP e o servidor então retorne uma resposta no padrão HTTP que possua um tamanho finito. A figura a seguir melhor exemplifica essa interação.

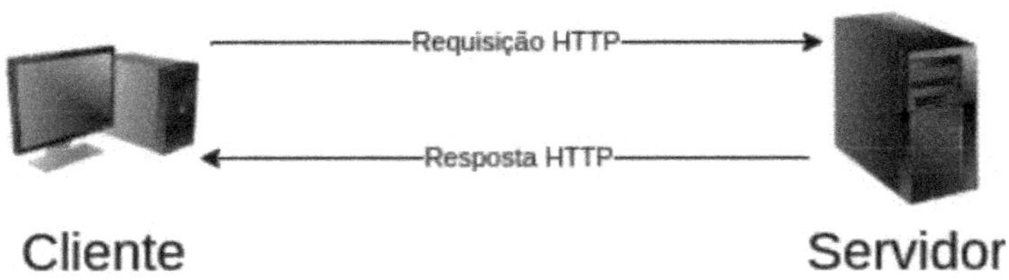

Figura 5.1. Interação padrão HTTP.
Fonte: o autor.

A grande maioria das comunicações HTTP funciona dessa forma, permitindo que através de uma requisição (solicitação) se obtenha uma resposta. Entretanto, alguns tipos de aplicações necessitam de atualizações constantes, tais como *feeds* de notícias e redes sociais. Através dessa comunicação padrão, seria necessário o acesso contínuo ao servidor, chamado de *pooling*, para realizar a busca de novas informações.

Para solucionar esse problema, existe a possibilidade de tornar o comprimento dessa resposta indefinido – isso é chamado de *HTTP streaming*. Através dessa estrutura, o servidor continua enviando respostas através de uma única conexão realizada, demonstrada na figura a seguir, enquanto esta permanecer ativa, sendo possível essa comunicação ser feita através da definição de *transfer-encoding* ou SSE (*Server-Sent Events*).

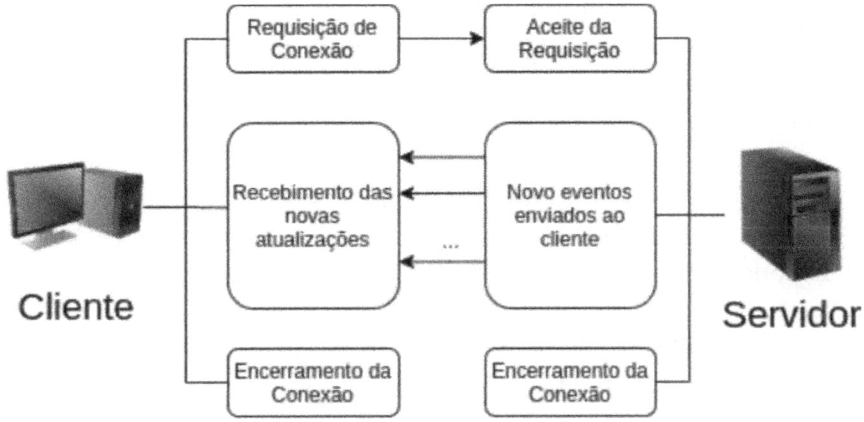

Figura 5.2. HTTP *streaming*.
Fonte: o autor.

A utilização do *transfer-encoding* permite que o servidor defina no cabeçalho que as informações serão enviadas de forma fragmentada (*chunked*). Isso indica aos clientes que os dados chegarão em blocos de *strings* delimitadas por nova linha, comumente definida por **\r\n**. Assim, o cliente compreende que deve ficar esperando respostas dessas requisições até quando chegar a requisição final, na qual o fragmento de encerramento possuirá o tamanho zerado, indicando que não há mais informações.

Já a transmissão dos dados por meio de *Server-Sent Events* (SSE) pode ser consumida na maioria dos navegadores atuais através de seu próprio *EventSource*, que permite criar e gerenciar um canal aberto entre o cliente e o servidor. A informação retornada possuirá no cabeçalho a informação de *Content-Type: text/event-stream*, no qual indicará que se trata de um *stream* de eventos.

Os consumos das respostas do *HTTP streaming* não tendem a ser complexos; entretanto, é preciso ter cuidado com sua utilização, em especial com relação à segurança da conexão, evitando trafegar dados sensíveis que possam ser capturados, e ao limite de *buffer* de cada aplicação, pois, caso este seja atingido, pode ocasionar problemas na utilização do cliente.

Além da definição da forma de comunicação (linear ou por *streaming*), para que possamos interagir com as requisições é necessária a utilização dos métodos HTTP. Como já destacado anteriormente, as solicitações são feitas através das URIs, que determinam os recursos que serão utilizados por cada URL. A definição desse recurso é feita com substantivos (SAUDATE, 2014).

Já os métodos são os responsáveis por determinar como ocorrerão as interações com esses recursos, indicando as ações que serão realizadas. Logo, suas definições são feitas através de verbos, sendo que cada um possui uma semântica específica e bem definida dentro de seu contexto.

Uma das utilizações mais populares dos métodos HTTP está na reprodução do acrônimo CRUD (*Create*, *Read*, *Update*, *Delete*) na utilização das APIs. Neste caso, respectivamente, podem ser utilizados os verbos *POST*, *GET*, *PUT* e *DELETE* (MASSÉ, 2012).

No contexto de CRUD, o verbo *POST* será o responsável por realizar a criação do recurso referenciado, executando consigo todos os controladores para que essa ação seja realizada. As informações do recurso estarão contidas no corpo da requisição.

Contudo, além disso, o HTTP designa *POST* como semanticamente aberto, permitindo que ele tome qualquer ação, independentemente de sua repetibilidade ou dos efeitos colaterais. Dessa forma, o método *POST* pode ser utilizado para abranger qualquer outra ação que nenhum dos demais métodos possa fazer.

Um ponto que merece destaque é que toda ação é lógica, ou seja, não necessariamente a ação *POST* criará um objeto, como mencionando anteriormente, mas, sim, executará uma ação de envio de informações para o servidor. Dessa forma, este irá processá-la da forma como seus controladores indicarem, seja criando um novo recurso ou indicando a realização de novas ações.

Por exemplo, se tivermos a ação de criação de alertas em nossa API, podemos utilizar o método *POST* para criação destes alertas (**POST /alert**) ou podemos utilizar para o envio de um alerta específico (**POST /alert/{id}/send**).

O método *PUT* é o responsável pela atualização das informações de um determinado recurso, sendo que o seu corpo possuirá as informações que serão atualizadas. Além disso, o *PUT* pode ser utilizado para a inserção de novos componentes dentro de uma subestrutura – por exemplo, caso eu queira adicionar novos itens dentro de uma cesta de compras, mesmo que não haja a alteração desse item.

O método *DELETE* é o responsável por remover as informações de um determinado recurso. Não se pode afirmar que o recurso será completamente removido da estrutura do servidor: a operação de *DELETE* apenas garante que este não será mais acessível através das requisições HTTP, seja por uma exclusão definitiva ou pela marcação desse recurso como inativo.

Outra particularidade do método *DELETE* é que este não deve possuir corpo, sendo que a informação do recurso a ser removido deverá ser passada como parâmetro desse método. Voltando ao nosso exemplo de alertas, caso eu queira remover um alerta específico, devo informar pelos parâmetros da ação (**DELETE /alert/{id}**).

Ainda, o método *DELETE* pode ser utilizado para remover ou inativar recursos de uma subestrutura, não necessariamente removendo as informações da estrutura principal (por exemplo, **DELETE /alert/{id}/notify/{id}**).

Por fim, o método *GET* é o responsável por recuperar as informações de um determinado recurso. É importante frisar que o método *GET* nunca realizará alterações de estado nesses recursos; sua função é apenas recuperar as informações, não possuindo efeitos colaterais.

É possível, através do método *GET*, recuperar todo um conjunto de informações ou uma informação específica – para tanto, semelhante ao *DELETE*, o método não possui corpo, devendo ser informado pelos parâmetros da ação qual seria a informação específica.

Por exemplo, caso eu queira retornar todos os meus alertas, posso executar a ação **GET /alert**; caso queira um alerta específico, posso executar a ação **GET /alert/{id}**.

Além da representação de CRUD, os métodos HTTP fornecem algumas outras ações que podem ser utilizadas em momentos específicos. Um desstes métodos é o *HEAD*. Sua utilização é idêntica ao método *GET*, contudo sua resposta não possui corpo, apenas as metainformações. Sua utilização se dá para verificar informações de validade, acessibilidade e modificação com relação a um determinado recurso, sem se importar com seu conteúdo.

Outro método é o *OPTIONS*, que permite identificar quais requisições são permitidas para um recurso, determinando as capacidades de um servidor sem implicar em uma ação de recurso ou iniciar uma recuperação de recurso. A requisição pode ser feita através de um recurso específico ou utilizando o caractere especial asterisco (*), que permite identificar todos os recursos dentro da URL específica.

A resposta terá um cabeçalho com *Allow*, que conterá todas as ações que possam ser executadas no recurso. Por exemplo, a execução **OPTIONS /alert** retornará todas as ações possíveis no nosso recurso de alertas.

Com isso, todas as requisições possuirão respostas conforme suas necessidades e funcionalidades, permitindo, com isso, que a comunicação cliente-servidor possa ocorrer sincronizadamente.

6. O que é RESTful?

Débora M. Donato

Antes de falar sobre RESTful é preciso entender o que é uma API REST. API (*Application Programming Interface*) é um conjunto de requisições que permite a comunicação/transferência de dados entre aplicações. Conforme citado nos capítulos anteriores, temos diversos tipos de verbos/métodos HTTP (*GET, POST, DELETE* etc.). Uma API utiliza essas requisições HTTP para manipulação dos dados. O REST (*Representational State Transfer*) é um estilo de arquitetura criado por Roy T. Fielding em sua tese de Ph.D em 2000. Ele sugeriu o uso de novos métodos para o protocolo HTTP, trazendo simplicidade através de URLs específicas e dados padronizados. Logo, uma API REST nada mais é do que um conjunto de restrições utilizando essas requisições HTTP de forma que atendam às diretrizes definidas na arquitetura de Fielding. Para criar uma API com esse padrão REST é necessário utilizar de forma restrita o que o HTTP fornece. Ao longo deste capítulo, serão apresentadas as regras definidas nessa arquitetura.

1. Regras da arquitetura REST

1.1. *Client-server* (cliente/servidor)

É a mais básica (PLANSKY, 2014), onde é possível separar a responsabilidade entre a interface do usuário (cliente) e o provedor de serviços (servidor). Assim, o cliente consegue consumir os serviços sem se preocupar com armazenamento de dados, *logs*, *caches* etc. E o servidor não se preocupa com a experiência do usuário. É muito interessante, pois uma API pode ser utilizada por vários clientes.

1.2. *Stateless* (sem estado)

Permite estabelecer uma comunicação onde um servidor não precisa saber qual o estado do cliente e vice-versa. Toda requisição deve conter informações suficientes para que o servidor consiga entender e processar sem necessidade de guardar informações do estado do cliente, como sessões (PLANSKY, 2014).

1.3 *Cacheable* (caches)

Armazenar dados em *cache*, otimizando assim as interações entre cliente e servidor. Como vários clientes podem utilizar a mesma API, é possível evitar processamentos desnecessários, melhorando consideravelmente a performance (PLANSKY, 2014). Simplificando, a primeira vez que um cliente fizer uma requisição para o servidor, este vai processar e armazenar temporariamente em *cache*; nas próximas vezes que o cliente solicitar exatamente a mesma requisição, o servidor devolve o que está no *cache*, sem que precise reprocessar.

Mas se o servidor grava em cache, como é possível fazer a limpeza dele? Ela pode ser feita de várias formas, por exemplo:

- ✓ De hora em hora
- ✓ Após um determinado intervalo
- ✓ Quando houver uma troca de estado
- ✓ Entre outros

1.4 *Uniform interface* (interface uniforme)

É uma das mais importantes. É definido um contrato de dados entre o cliente e o servidor. São regras que devem ser aplicadas para deixar o componente genérico (PLANSKY, 2014), permitindo que as informações sejam transferidas de forma padronizada. Para que isso seja possível é necessário atender aos quatro critérios a seguir:

- ✓ ***Resource-based*** **(identificação de recursos):** Identificar o recurso a ser acessado ou alterado de forma que fique explícito na URL. Ou seja, é o *endpoint* (URI) da requisição.
- ✓ ***Manipulation of resources through representations*** **(manipulação de recursos através de representações):** representar o recurso contendo dados necessários para modificar ou excluir um recurso. Ou seja, o cliente envia uma requisição para o servidor informando se ele precisa modificar, remover ou adicionar um conteúdo através de uma representação que pode ser em JSON, XML, HTML, TXT etc.

Por exemplo:

```
GET <dominio_do_servico>/user/10
POST <dominio_do_servico>/user
DELETE <dominio_do_servico>/user/10
```

✓ ***Self-descriptive messages*** **(mensagens autodescritivas):** todas as mensagens enviadas devem ser suficientes para o servidor analisar a solicitação, sem precisar de informação adicional ou documentação. Em outras palavras, devem ser enviadas para o destinatário (cliente ou servidor) mensagens claras e completas que possam ser analisadas e interpretadas sem dificuldade.

Por exemplo:

```
{
"name": "Meu nome",
      "email": "meuemail@provedor.com.br",
}
```

✓ ***Hypermedia as the engine of application state – HATEOAS*** **(hipermídia como motor do estado da aplicação):** uso de *hyperlinks* para acessar o recurso. Ou seja, o servidor deve retornar *links* em cada resposta, assim o cliente consegue encontrar outros recursos relacionados.

Por exemplo:

```
{
"id": 10
                  "name": "Meu nome",
                  "email": "meuemail@provedor.com.br",
                  "links": [{
                        "href" : "<dominio_do_servico>user/10"
                        "type": "GET"
                        "rel": "self"
                  },{
                        "href" : "<dominio_do_servico>/user/10"
                        "type": "DELETE"
                        "rel": "remove"
                  },]
}
```

É importante lembrar que o retorno descrito não é uma regra; pode ser criado um contrato de dados diferente desde que os *links* sejam controlados pelo servidor (*backend*) e não pelo cliente (*frontend*). Esse conceito é raro de ver sendo aplicado em serviços REST, na maioria das vezes por falta de conhecimento dos desenvolvedores.

1.5 *Layered system* (sistema em camadas)

O sistema deve ter uma arquitetura em camadas hierárquicas (FIELDING, 2000). Ou seja, o cliente tem acesso somente a um único nível. As camadas podem melhorar a escalabilidade habilitando funcionalidades como balanceamento de carga, protegendo assim sistemas não preparados. Mas nem tudo são flores, pois quanto mais camadas são criadas mais tempo leva para retornar as informações para o cliente que requisitou. É possível melhorar o tempo de retorno aplicando *cache* entre as camadas, mas é necessário tomar muito cuidado na implementação.

1.6 *Code on demand* (código sob demanda) – opcional

Componentes do servidor podem fornecer código sob demanda (FIELDING, 2000) para componentes do cliente. Ou seja, o servidor (*backend*) pode estender funcionalidades do cliente (*frontend*) por meio do *download* e da execução do código na forma de *scripts* (conjunto de instruções em código) ou *applets* (aplicativos).

Mas e agora... o que é RESTFul? E qual a diferença entre RESTFul e REST?

Pode-se dizer que ambos representam os mesmos princípios, porém sistemas que utilizam todos os princípios do REST são considerados RESTful.

RESTful é a capacidade de o sistema seguir todas as regras definidas na arquitetura REST (com exceção da sexta – afinal, é opcional). Ou seja, RESTful segue todas as regras propostas por Roy Fielding em sua tese REST. Já REST é quando sua aplicação ou serviço utiliza apenas alguns princípios a fim de obter todos os benefícios desse modelo.

Grandes empresas utilizam RESTful: Twitter, LinkedIn, Facebook e Google. Por isso oferecem uma excelente navegabilidade e interatividade para seus usuários.

No LinkedIn, por exemplo, eles dividiram a API em diversos produtos (chamamos de entidades):

- ✓ ***Consumer***: autenticação, compartilhamento e adição de perfil.
- ✓ ***Marketing***: gerenciamento de campanha e páginas, relatórios etc.
- ✓ ***Sales***: exibição de perfis e contatos para gestão de *leads*.
- ✓ ***Talent***: anúncio de emprego, ajuda para os candidatos se inscreverem etc.

Isso ajuda muito o desenvolvedor, afinal é possível implementar a integração focada no objetivo do produto de forma prática e escalável por entidade.

Há muitas vantagens em ter essa arquitetura de comunicação nas aplicações *web*. Uma das mais importantes é a separação entre cliente (*frontend*) e servidor (*backend*). É possível centralizar toda a regra de negócio e o armazenamento de dados no servidor, o que garante uma proteção maior dos dados. Outra grande vantagem, citada anteriormente em uma das regras, é ser multiplataforma. Ou seja, como as requisições são feitas no formato JSON, XML, entre outros, não importa em qual linguagem está sua API – o cliente sempre vai fazer o tratamento adequado para exibição dos resultados de acordo com o tipo de aplicação. Fora isso, é possível utilizar a API em mais de um cliente (produto).

E claro que não podemos esquecer da facilidade durante o desenvolvimento, pois pode ser facilmente escalada. Afinal, uma API permite acessar diversos bancos de dados ou mesmo outras APIs, garantindo mais visibilidade e confiabilidade na utilização dos recursos. Utilize o máximo possível dos princípios REST para que sua aplicação ou serviço obtenha todos os benefícios dessa arquitetura (FIELDING, 2000).

7. Processo de criação de API

Maurício Magnani
Dorival Querino

APIs permitem que seu serviço/produto se comunique com outros serviços de forma desacoplada, ou seja, sem precisar saber de fato como eles são implementados. Sendo assim, é essencial que as APIs tenham por objetivo ser flexíveis, escaláveis e de fácil integração, proporcionando assim oportunidades de inovação. Elas podem ser vistas como contratos, permitindo de antemão entender o comportamento das partes envolvidas.

Design e planejamento

O primeiro passo é entender qual problema a sua API pretende resolver e a partir disso iniciar o design. Também é de suma importância entender o domínio da aplicação e definir a maneira adequada de expor os contratos – como e quais recursos serão expostos, além de avaliar os ganhos e custos dessa exposição. Outros pontos importantes a serem avaliados:

- ✓ **Escolha do protocolo:** embora a maioria das APIs utilize HTTP, é importante avaliar outros protocolos, como gRPC ou *WebSockets*.
- ✓ **Linguagem de programação e *frameworks*:** é muito importante escolher a linguagem e os *frameworks* nessa fase (Java, .Net, Spring, Quarks), visto que isso vai impactar muitas outras decisões.
- ✓ **Performance e escalabilidade:** embora tenhamos a facilidade, principalmente nos provedores de nuvem, de trabalhar com escalabilidade automática, a estimativa inicial desses requisitos é essencial.

Por exemplo, um hospital pode fornecer aos planos de saúde uma API para visualização de horários disponíveis, agendamento de consultas, especialidades disponíveis etc. Tomando isso como premissa, um dos possíveis serviços seria "pedido para testes de laboratório".

Uma ferramenta que pode auxiliar nessa fase é o Swagger Editor (<https://editor.swagger.io>). Lá é possível iniciar a definição dos recursos da API de maneira simples e intuitiva, e que será reaproveitada posteriormente, pois se trata de um padrão aberto.

As ideias devem ser exercitadas ao máximo, levando em consideração todos os *feedbacks* e garantindo assim que todos os requisitos estejam sendo atendidos, para posteriormente iniciar a fase de experimentação.

Experimentação

Após a definição do design, a fase de experimentação deve ser iniciada. Esse é o momento de garantir de maneira prática o que foi planejado na fase anterior.

Para realização de testes é fortemente recomendado a utilização de um "mock API server". Isso ajudará a verificar a aderência do design em relação ao domínio da aplicação e os problemas que se propõem a solucionar. Um *mock API server* possibilita simular o real comportamento da API com a utilização de dados fictícios, proporcionando assim uma forma simples e rápida de validar o design.

Existem inúmeras ferramentas para esse propósito, mas uma excelente opção é o Mockoon (<https://github.com/mockoon/mockoon>), que é *open source* e possui uma comunidade bastante colaborativa. Além disso, pode ser instalado de maneira simples em qualquer sistema operacional Linux.

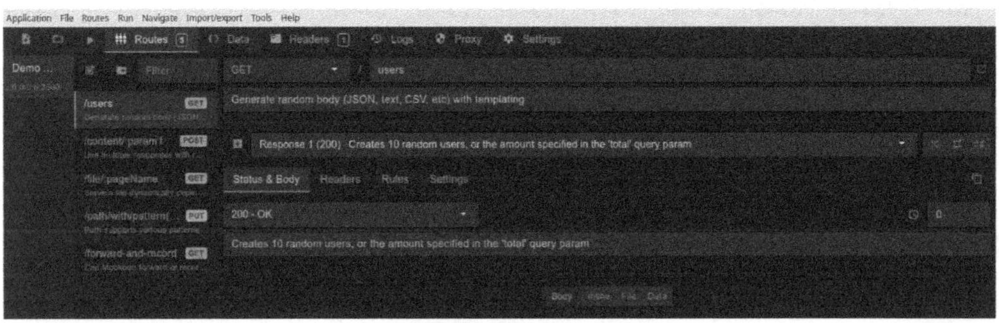

Figura 7.1. Mockoon.
Fonte: o autor.

Implementação

Na fase de implementação é esperado que já exista um design sólido, testado e aprovado pelas pessoas envolvidas. Nesse momento uma linguagem de programação deve ser escolhida para a implementação da API. Para essa escolha devem ser levados em conta alguns requisitos, como familiaridade do time com a linguagem, ambiente de execução, performance, entre outros.

Para a plataforma Java temos Spring, Micronaut, Quarkus etc. O Quarkus (<https://quarkus.io/guides/rest-json>), por exemplo, é uma boa opção para criação de APIs REST, já que possui vasta documentação e excelentes exemplos, além de ser *open source*.

A implementação deve ser fortemente orientada às definições realizadas na fase de design e experimentação, para que com isso não ocorra a quebra das integrações e dos serviços.

API *First*

Atualmente a interoperabilidade entre sistemas é um fator essencial para o sucesso de qualquer plataforma de tecnologia, pois possibilita a integração entre ecossistemas com diferentes propósitos, como um *gateway* de pagamento que se integra a um *e-commerce*.

Sendo assim, um conceito de desenvolvimento vem ganhando cada vez mais força: *API First*. Trata-se de uma abordagem na qual a equipe de tecnologia prioriza o desenvolvimento de APIs para posteriormente construir os outros componentes da aplicação.

Um dos grandes benefícios dessa abordagem é a redução de custos, pois permite prever possíveis falhas no 'design' da aplicação, garantindo assim um desenvolvimento mais objetivo ao implementar os outros componentes. Além disso, outro ganho muito interessante é a paralelização do trabalho entre as equipes, já que, com um design e comportamentos bem definidos, pode-se trabalhar de forma independente, como na criação de uma interface *web* ou aplicação *mobile*.

Sem dúvida, a adoção de uma abordagem *API First* tornará mais ágil e escalável o desenvolvimento das aplicações e seus componentes, trazendo assim redução de custos e inovação contínua.

8. API e negócios

Yan Justino

Vivemos em uma sociedade dependente de software: em poucas décadas nosso consumo, lazer e relacionamentos, em suas mais diversas formas, têm acompanhado um movimento geral de virtualização que, como observou o filósofo Pierre Lévy, "afeta hoje não apenas a informação e a comunicação, mas também os corpos, o funcionamento econômico, os quadros coletivos da sensibilidade ou o exercício da inteligência" (LÉVY, 2003).

Nos bastidores dessa transformação, uma ferramenta se destaca: a *Application Programming Interface* (API), que pode ser compreendida como um conjunto de estruturas capazes de realizar comunicação entre duas ou mais aplicações em uma rede utilizando uma linguagem comum (ZACHARIADIS; OZCAN, 2017).

APIs são um importante mecanismo de integração e estão presentes nas estratégias e táticas corporativas de inúmeras plataformas e fornecedores. Além disso, são essenciais quando pensamos nas principais tendências tecnológicas, como *cloud computing*, *big data*, *mobile computing*, inteligência artificial, *machine learning*, sistemas autônomos e ecossistemas *cyber-physical*.

Numa perspectiva de negócio, APIs podem ser usadas internamente nas empresas para integrar diversos sistemas e permitir a troca de dados entre diferentes departamentos. Também podem ser usadas para expor capacidades de negócios, como informações, serviços ou produtos, para públicos externos, o que amplia o alcance da empresa para além dos seus limites.

Isso é possível graças às tecnologias envolvidas na construção de APIs, que fornecem uma interface (com base em um conjunto de padrões acordados) e uma camada que abstraem a complexidade e permitem que os sistemas consumidores sejam *plug-and-play* e isentos da necessidade de conhecer detalhes do provedor da API.

Isso permite que a API seja consumida como um serviço "agnóstico" aos dispositivos ou aplicativos que se conectam a ela. Essa interoperabilidade entre sistemas reduz os custos e acelera a inovação, uma vez que áreas do negócio podem evoluir de forma independente e de acordo com a demanda.

Tais características são atributos da **orientação a serviço**, um paradigma de design que compreende capacidades de negócio como unidades lógicas que podem ser modeladas como **serviços** que atendem aos objetivos estratégicos da **computação orientada a serviço**, que são: aumento da interoperabilidade, aumento da governança, maior diversificação de fornecedores, maior alinhamento entre negócios e tecnologia, aumento do retorno do investimento (ROI), maior agilidade organizacional e redução do custo TI.

Para entregar **serviços** baseados nos princípios da **orientação a serviço**, é preciso uma arquitetura tecnológica com características distintas, capaz de acomodar comportamentos e requisitos que possibilitem alcançar os objetivos da **computação orientada a serviço**. Para Erl *et al.* (2015), essa arquitetura é a *Service-Oriented Architecture* (SOA).

Desde a sua fundação, SOA tem sido um dos mais significativos paradigmas que tem auxiliado empresas na adoção de serviços e na implementação de tecnologias que lhes permitem entrar no páreo da alta competitividade e rápida colocação estratégica para atingir novos mercados.

Contudo, a constante necessidade de entregas mais rápidas e confiáveis demandam respostas ágeis em um ambiente de negócio cada vez mais fluido (PRESSMAN; MAXIM, 2014, p. 67). Nesse contexto, a abordagem de software e arquitetura de sistemas denominada "microsserviços" tem se demonstrado uma tendência no design, no desenvolvimento e na entrega de serviços (JAMSHIDI *et al.*, 2018).

Emergidos de conceitos como *domain-driven design* (EVANS, 2003), *continuous delivery, on-demand virtualization, infrastructure automation, small autonomous teams, system scale* (NEWMAN, 2015), microsserviços se baseiam no conceito bem definido de modularização de fronteiras de negócio para atender a demandas como escalabilidade, falta de eficiência, velocidade lenta de desenvolvimento e dificuldades em adotar novas tecnologias (FOWLER, 2017).

Esses novos desafios têm mudado radicalmente a estrutura organizacional e cultural das empresas, que cada vez mais têm investido na segregação de grandes áreas em equipes menores e, muitas vezes, geograficamente distribuídas; bem como têm ampliado a oferta de serviços abertos ao público, criando espaços para relações mais dinâmicas.

Nesse contexto, para além da tecnologia, APIs têm o poder de impulsionar novas oportunidades, tornando as empresas mais conectáveis aos seus clientes, fornecedores e parceiros. Além disso, elas podem trazer mais eficiência para os processos de negócio, de modo a facilitar a reutilização de serviços, otimizar fluxo de informação de forma menos burocrática e mais interoperável, agilizando etapas e possibilitando automatização de tarefas que antes exigiam maior disponibilidade de pessoas.

Enfim, empresas almejam melhores resultados e um bom retorno sobre seus investimentos. Estar mais conectado, ser mais interoperável, ser menos burocrático e ser mais ágil e eficiente são requisitos vitais em um mercado cada vez mais competitivo. Sendo assim, APIs são portas que possibilitam acesso às demandas de uma nova economia.

9. Escolha suas métricas

Demitrius Ruan Quadros

Hoje em dia existem milhares de métricas disponíveis para medir a eficiência de uma API. Porém, a escolha de quais métricas serão empregadas está muito ligada ao perfil do cliente e ao propósito de uso da API.

Mas o que é uma métrica? Primeiramente precisamos entender o que é uma medida. Segundo o BPM CBOK, versão 3.0 (ABPMP, 2013): "medida é a quantificação de dados em um padrão e qualidade aceitáveis (exatidão, completude, consistência, temporalidade)". Já Harold Kerzner, engenheiro norte-americano, cita em seu livro "Gestão de Projetos" (2020) que "uma medida é uma variável a que uma quantidade é atribuída para representar um ou mais atributos". Uma medida é o resultado de uma medição. Medidas típicas incluem, mas não estão limitadas a, métricas, indicadores ou indicadores-chave de desempenho.

Ao final de tudo isso podemos entender uma medida como a representação de um dado em uma linha temporal. Já uma métrica podemos entender como uma interpretação de uma medida, ou de um conjunto de medidas, que gera informações valiosas. A definição do BPM CBOK versão 3.0 (ABPMP, 2013) diz que: "métrica é uma extrapolação de medidas, isto é, uma conclusão com base em dados finitos".

Após o entendimento dos conceitos básicos, é importante entender por que é necessário definir métricas para nossas APIs. Já dizia William Edwards Deming (WALTON, 1989): "não se gerencia o que não se mede, não se mede o que não se define, não se define o que não se entende, e não há sucesso no que não se gerencia". Para ter uma compreensão e gerenciamento total de suas APIs é necessário medir todos os aspectos importantes de sua API. Dessa forma será possível ter visibilidade do que precisa ser evoluído e se a API em questão está atingindo seu objetivo de negócio.

Tão importante quanto medir a API é medir do jeito certo. Um conjunto muito grande de métricas pode complicar o processo, escondendo os indicadores que realmente fazem a diferença. Por isso é extremamente importante realizar a avaliação de quais métricas serão empregadas para otimizar ao máximo o seu propósito de uso.

Existe um trecho muito interessante no livro "Site Reliability Engineering: – How Google run productions systems" (BEYER *et al.*, 2016), que diz:

> *Você não deve usar todas as métricas que puder rastrear em seu sistema de monitoramento; uma compreensão do que seus usuários desejam do sistema informará a seleção criteriosa de alguns indicadores. Escolher muitos indicadores torna difícil prestar o nível certo de atenção aos indicadores que importam, enquanto escolher muito poucos pode deixar comportamentos significativos do seu sistema não examinados. Normalmente, descobrimos que um punhado de indicadores representativos é suficiente para avaliar e raciocinar sobre a saúde de um sistema.*

E quais são essas métricas ou indicadores que importam envolvendo APIs? Como tomo a decisão correta de quais métricas utilizar? A seguir, vamos listar um conjunto de métricas envolvendo vários aspectos sobre APIs, desde o monitoramento da infraestrutura até indicadores de negócio, passando também por indicadores de segurança e aplicação para auxiliar e exemplificar como decidir e escolher as melhores métricas para a API.

Da infraestrutura

✓ **Disponibilidade** – Uma das métricas mais básicas de serem calculadas, a disponibilidade é um dos principais indicadores de infraestrutura. Com ele medimos muitos acordos corporativos de disponibilidade, indicando por quanto tempo determinado recurso ficou disponível de forma produtiva para a empresa.

Segundo Beyer *et al.*, (2016), existem duas formas de medir a disponibilidade de determinado recurso, sendo a primeira:

$$\textit{Disponibilidade Temporal} = \textit{tempo total disponível} \div (\textit{tempo total disponível} - \textit{tempo total indisponível})$$

Esta é uma fórmula onde podemos medir o total em porcentagem (%) de tempo em que uma aplicação ficou disponível com base na leitura de quanto tempo uma aplicação ficou *on-line* durante um ano, por exemplo.

Porém, para sistemas distribuídos, por exemplo, baseados em microsserviços, esta não é uma métrica relevante, pois você pode eventualmente ser inconsistente em um serviço específico ou região do mundo. Para homogeneizar a métrica de disponibilidade é válido considerar quantas requisições realizadas aos serviços foram atendidas com sucesso, retirando daí o percentual de disponibilidade, ou seja, identificando se o serviço estava realmente disponível durante a sua necessidade de uso. Sendo:

$$\textit{Disponibilidade Agregada} = \textit{requisições realizadas com sucesso} \div \textit{total de requisições}$$

- ✓ **Uso de CPU** – É também uma das métricas mais clássicas de infraestrutura. Avaliar a disponibilidade de recursos para processamento pode indicar em casos de alto uso a necessidade de escalar os recursos dos seus serviços, sejam eles de forma vertical ou horizontal.
- ✓ **Uso de memória** – O uso de memória, assim como o uso de CPU, é um indicador que pode mostrar uma sobrecarga no uso dos serviços. Assim, qualquer pico a mais de requisições pode revelar uma falha catastrófica do sistema.
- ✓ **MTTR (*Mean Time To Recovery*)** – Em português, tempo médio de recuperação ou tempo médio de restauração. É o intervalo de tempo gasto para se recuperar de uma falha no sistema. Esse MTTR é calculado a partir da divisão do tempo total de inatividade durante um período específico pelo número de incidentes. Segundo Beyer *et al.* (2016), esta é a métrica mais relevante na avaliação da eficácia da resposta a emergências e como rapidamente a equipe de resposta pode trazer o sistema de volta à saúde.

Da aplicação Apdex

Segundo a documentação da New Relic, hoje uma das principais ferramentas de observabilidade do mercado, o Apdex é um padrão da indústria para medir a satisfação dos usuários com o tempo de resposta de aplicativos e serviços da *web*. É uma solução simplificada de contrato de nível de serviço (SLA) que ajuda a identificar o nível de satisfação dos usuários com o seu aplicativo.

Segundo a especificação da própria organização mantenedora do Apdex, ele pode ser representado pelo seguinte cálculo:

$$\textit{Apdex}(\tau) = (\textit{Satisfatórias} + (\textit{Toleráveis} \div 2)) \div \textit{total de requisições}$$

- **Satisfatórias** = O número de requisições atingidas dentro do tempo satisfatório.
- **Toleráveis** = O número de requisições respondidas dentro de um tempo tolerável.
- **total de requisições** = O número total de requisições atendidas.

✓ **RPM** – É uma métrica de desempenho usada para controlar a quantidade de requisições recebidas por determinada API por minuto. Como esse é um indicador sazonal, podendo variar com a hora, dia ou época do ano, é uma métrica que pode ser utilizada para prever o aumento de consumo pelos clientes da API.

✓ **Latência (máxima e média)** – É uma das métricas mais importantes para rastrear a experiência do cliente consumindo a API. Ela é composta pela média de tempo de resposta da API assim como o tempo máximo que a API demorou para responder a um cliente. Diversas ações podem ser tomadas em cima de leituras de latência, como a otimização de consultas em banco de dados, aumento de recursos e utilização ou não de respostas cacheadas pela API.

✓ **Erros por minuto** – É a taxa de erros que ocorrem nas APIs por minuto, ou seja, é o número de chamadas que falharam dentro de um minuto. Esse indicador demonstra o quão saudável e propensa a erros é a API, indicando quais os pontos mais frágeis em um ecossistema de APIs.

Da segurança

✓ **Vulnerabilidades** – Segundo o site da OWASP (fundação sem fins lucrativos que trabalha para melhorar a segurança do software, sendo hoje uma das principais referências do mercado em segurança), uma vulnerabilidade é uma fraqueza no seu aplicativo, podendo ser uma falha de design ou um *bug* de implementação que permite ao invasor causar danos às partes interessadas de um aplicativo. Podemos considerar como um exemplo de vulnerabilidade:

- Falta de validação das entradas da API.
- Falta de mecanismo de autenticação na API.
- Tratamento de erros e falhas.
- Não fechamento correto da conexão com o banco de dados.

É importante utilizar ferramentas e automações para avaliar todo o código-fonte de suas APIs, a fim de listar, eliminar ou mitigar as vulnerabilidades existentes. Com métricas relacionadas a vulnerabilidades podemos, por exemplo, calcular o risco de uma API em produção, podendo até definir parâmetros mínimos e máximos para que determinado produto entre em produção.

- ✓ **TPRM (*Third-Party Risk Management*)** – É o processo de identificação, análise e redução de riscos associados a terceiros, como, por exemplo, fornecedores e parceiros. Quando falamos em APIs, estamos falando essencialmente de conectar sistemas, podendo eles serem ou não da nossa organização. Quando realizamos a conexão/exposição de nossos sistemas a terceiros, devemos medir e gerenciar o risco que determinado parceiro representa para o nosso ecossistema.
- ✓ **Incidentes de segurança** – É necessário medir de forma histórica a quantidade de incidentes de segurança que foram gerados pelas suas APIs. Por se tratar de uma métrica simples, este indicador pode ser utilizado para visualização e evolução de equipes x incidentes de segurança, por exemplo.
- ✓ ***Mean Time For Vendors Incident Response*** – Em português, tempo médio de resposta de um fornecedor a um incidente. É uma métrica de extrema importância quando falamos de ecossistemas de APIs. Existem diversos fornecedores envolvidos, provedores de *cloud*, provedores de gerenciamento de APIs, diversas bibliotecas e recursos de código que podem ser de fornecedores terceiros, assim como outros exemplos que podemos listar. Esta métrica tem como objetivo controlar, medir e listar oportunidades no tempo de resposta de seus fornecedores a um incidente, diminuindo assim a exposição ao risco caso alguma falha ocorra em um ambiente ou código não controlado, ou controlado por um fornecedor.

Vale ressaltar ainda, sobre os indicadores de segurança, de acordo com artigo publicado pelo Gartner (OLYAEI; AMBROSE; WHEATMAN, 2018):

> *As classificações de segurança cibernética se tornarão tão importantes quanto as classificações de crédito ao avaliar o risco de relacionamentos comerciais novos e existentes... esses serviços se tornarão uma pré-condição para relacionamentos comerciais e parte do padrão de cuidado devido para provedores e compradores de serviços. Além disso, os serviços terão ampliado seu escopo para avaliar outras áreas, como seguro cibernético, due diligence para M&A e até como métrica bruta para programas de segurança interna.*

Em muitas organizações podemos observar que ações de segurança muitas vezes são deixadas de lado, tanto por critérios como prazo de entrega de projetos quanto por conhecimento técnico de um time. Porém, um incidente de segurança em uma API pode ser relacionado diretamente ao risco de imagem de uma organização, muitas vezes trazendo danos irreversíveis. Por isso é de extrema importância criar ao menos métricas básicas de segurança para as suas APIs.

Do negócio

- ✓ **Consumidores únicos por APIs** – É uma métrica que dá uma visão geral sobre a saúde de sua API. Mostra quantos novos consumidores foram habilitados em uma certa medida de tempo. Permite avaliar se a API continua com a mesma relevância e se seu crescimento de usuários únicos está acontecendo.
- ✓ ***Top consumers by API*** – Métrica que indica quais são os principais consumidores de suas APIs. É uma listagem que faz uma medição da quantidade de requisições x consumidor único. Isso significa, por exemplo, montar uma lista de quais são os seus 10 principais clientes e entender realmente o que eles estão fazendo com suas APIs. É possível verificar se existem oportunidades de modificações ou de incrementar seu texto de vendas com base no uso de seus principais clientes.
- ✓ ***API Retention*** – Em português, retenção de API. É um indicador que demonstra o uso real da sua API e por quanto tempo seus clientes estão consumindo os recursos de sua API. Pode indicar também o *churn*, que é o contrário da retenção, ou seja, quantos clientes deixam de usar a sua API depois de determinado tempo. Indicadores de rotatividade auxiliam a identificar se o valor proposto de sua API está realmente sendo entregue a seus clientes e se estes estão enxergando valor no uso de suas APIs.
- ✓ **TTFHW (*Time To First Hello World*)** – Em português, significa o tempo para seu primeiro *hello world*. É um indicador importante não somente para identificar a integridade do seu produto, como também para medir a experiência de seus usuários (desenvolvedores). Se sua plataforma é aberta, que atrai desenvolvedores e parceiros, existem vários critérios a serem avaliados até o primeiro consumo por um desenvolvedor. O TTFHW mede quanto tempo leva desde a primeira visita à sua página de destino até uma integração MVP realizando a primeira transação por meio de sua plataforma de API. É possível medir diversos aspectos, desde a complexidade de suas APIs até o formato do seu portal, documentação e distribuição.

É necessário conhecer o perfil do seu cliente e as características inerentes ao uso de sua API, identificando assim quais delas são mais importantes para o seu negócio.

Para facilitar o exemplo, vamos realizar a comparação de dois casos de uso de APIs para identificar quais métricas deveriam ser empregadas para otimizar os resultados.

ViaCEP

ViaCEP é uma API de dados gratuita, utilizada para consulta de dados relacionados a endereços com diversos formatos de uso, com documentação extremamente simples. O exemplo a seguir demonstra o retorno da API no padrão JSON.

URL: <https://viacep.com.br/ws/01001000/json/>

```
{
      "cep": "01001-000",
      "logradouro": "Praça da Sé",
      "complemento": "lado ímpar",
      "bairro": "Sé",
      "localidade": "São Paulo",
      "uf": "SP",
      "ibge": "3550308",
      "gia": "1004",
      "ddd": "11",
      "siafi": "7107"
}
```

Simples, não é mesmo? É apenas o consumo de um *endpoint*, sem autenticação, que executa por padrão utilizando o protocolo HTTP.

Por se tratar de uma API gratuita, devemos imaginar que ela tem uma quantidade de requisições imensa e que o seu uso ocorre 24 horas por dia todos os dias da semana. Nesses cenários em que temos uma API que retorna dados estáticos, existem diversas métricas relacionadas a performance que podemos usar. Alguns exemplos são RPM (requisições por minuto) e latência (tempo de requisição médio e máximo).

Além do mais, essa API deve prover uma infraestrutura resiliente, para que não haja indisponibilidade do serviço, dado o volume alto de consumidores. Para isso, as métricas de disponibilidade e erros por minuto são extremamente importantes, pois podem identificar e prever uma indisponibilidade geral da aplicação.

Mercado Pago[1]

O Mercado Pago, por sua vez, é uma subadquirente, ou seja, uma plataforma que faz a intermediação dos pagamentos entre as adquirentes (as bandeiras de cartão de crédito e os bancos). Ele tem disponível uma série de APIs para integração com sua plataforma de pagamentos, permitindo a desenvolvedores ao redor do mundo integrarem seus recursos às suas aplicações.

Em um cenário como esse, podemos observar que a complexidade de uso das APIs é muito maior: requisitos como segurança, tempo de adesão de um desenvolvedor à plataforma e sua experiência são de extrema importância.

Já a estrutura disponível ao desenvolvedor para acesso às APIs do Mercado Pago está organizada e estruturada em um portal do desenvolvedor, onde é possível se cadastrar e realizar consultas e testes de todos os recursos disponíveis.

Para uma empresa que tenha como base transações monetárias, existem indicadores com relevâncias distintas do exemplo anterior, pois a disponibilidade e a garantia de que uma transação foi efetuada são muito mais importantes para esse modelo de negócios.

Dessa forma, a garantia de uma infraestrutura altamente disponível é de extrema importância. Para isso podemos utilizar métricas de infraestrutura para medir a eficiência desses recursos, como, uso de CPU, consumo de memória, MTTR (tempo médio para recuperar o sistema em caso de uma falha) e disponibilidade.

Nesses cenários mais complexos onde o sucesso do desenvolvedor está extremamente relacionado aos ganhos da plataforma, é de extrema importância utilizar métricas que envolvam a medição do sucesso do negócio. Podemos citar como exemplo:

- ✓ ***API Retention*** – Medir a retenção de uso de uma API, ou seja, quanto tempo o desenvolvedor utiliza esta API após seu primeiro uso.
- ✓ ***Unique API consumers*** – Consumidores únicos por API. Auxilia na identificação dos seus principais clientes por recurso da sua API. Somando-a a indicadores de uso, podemos identificar quais são os principais clientes da plataforma.
- ✓ **Adoção de versão** – Métrica utilizada para identificar a adoção de uma versão de determinado recurso da API. Auxilia principalmente na governança das APIs,

1 <https://www.mercadopago.com.br/developers/pt/reference>.

identificando quando e como será o processo de depreciação de determinado recurso, podendo ou não ser substituído por uma nova versão futuramente.

- ✓ **TTFHW (*Time to First Hello World*)** – Auxilia na medição da experiência do seu desenvolvedor. Esta métrica trata de medir quanto tempo demora para um desenvolvedor acessar a página de sua API pela primeira vez até o seu primeiro MVP.

Podemos concluir então que existem diversos aspectos a serem monitorados em uma API, sendo eles infraestrutura, aplicação, segurança e negócio. Devemos observar que iremos colocar mais esforço em alguns aspectos da API do que em outros, para não gerar uma sobrecarga de indicadores. Sendo assim, a escolha dos aspectos principais a serem monitorados deve ser baseada nas características de uso da API, com foco em especial no atendimento aos clientes da API, que ditam as suas necessidades através do modelo de uso da API.

10. Padrões e paradigmas

Bárbara Cabral da Conceição
Dorival Querino

Na engenharia de software, padrões são as melhores práticas do desenvolvedor para resolver problemas comuns de projetar um aplicativo ou sistema. Essa solução, que pode ser repetida para um problema comum, ainda não é um produto acabado que pode ser transformado diretamente em código, é a descrição de um modelo de como resolver um problema fornecendo paradigmas de desenvolvimento testados e comprovados.

No caso de APIs, podemos considerar uma combinação de design aliado a padrões arquitetônicos, ou seja, um conceito de grandeza que serve como um modelo (ou gabarito) para ser seguido. Esse modelo pode ajudar a criar APIs da *web* que são mais flexíveis, fáceis de manter, compreensíveis e que possam ser integradas a qualquer outra linguagem de programação existente.

Esses padrões promovem a legibilidade do código, permitindo aos desenvolvedores se comunicar através de uma linguagem comum com nomes conhecidos e bem compreendidos, o que previne questões sutis que poderiam causar problemas maiores de arquitetura, evitados com as práticas básicas que esses padrões já trazem em seus conceitos e princípios.

REST como padrão de design de arquitetura

Representational State Transfer (REST) (Representação do Estado de Transferência, em tradução livre para o português) é um estilo de arquitetura que define um conjunto de restrições para a criação de APIs da *web*. O termo foi cunhado por Roy Fielding em sua tese de doutorado (2000) e expande muitas das decisões de design que foram feitas no protocolo HTTP para uma arquitetura de nível mais alto. Embora seja mais frequentemente usado no contexto de HTTP, REST é um padrão de design de arquitetura e não um protocolo de comunicação. Como uma implementação da arquitetura REST, o HTTP é considerado um protocolo RESTful. Leia mais no Capítulo 6, "O que é RESTful?".

Padrão GraphQL

GraphQL (PORCELLO; BANK, 2018) é uma linguagem que vem com um conjunto de ferramentas que fornece uma maior flexibilidade para suas consultas em APIs. Ela permite aos desenvolvedores especificar exatamente os dados que desejam recuperar de uma consulta, bem como os dados retornados e os parâmetros de entrada. Ela também permite que várias operações sejam realizadas em uma única consulta, melhorando muito sua eficiência. Por outro lado, é uma tecnologia nova que traz um custo maior na curva de aprendizado, além de precisar de cuidados adicionais em relação à segurança e à proteção de dados que não vêm implementados de forma nativa.

Padrão gRPC

É um *framework* de código aberto (INDRASIRI; KURUPPU, 2020) para comunicação entre aplicações utilizando o protocolo HTTP/2. Ele usa o protocolo *buffers*, um formato de serialização binário mais eficiente e leve, consumindo, assim, menos banda e recursos de hardware, além de suportar comunicação síncrona e assíncrona (blocante e não blocante). Oferece suporte a diversas linguagens de programação, possuindo ferramentas de geração automática de código para as classes clientes e de serviços. É uma opção robusta e escalável, principalmente para comunicação entre microsserviços e IoT. Por outro lado, ele não é nativo para navegadores e sua biblioteca tem um conjunto grande de artefatos, aumentando seu tamanho. Além disso, tem uma complexidade bem maior do que outros padrões, como REST, por exemplo. Diante dessas particularidades, é importante avaliar o contexto do projeto em questão para saber se o gRPC é a opção mais indicada ou não.

Padrão *open API* (antigo Swagger)

É um padrão de especificação (documentação) de APIs (OPENAPI INITIATIVE, 2021) que permite aos desenvolvedores descrever, de forma precisa, a estrutura e o comportamento de suas APIs. Traz padrões para descrever tanto as APIs quanto seus parâmetros. Apresenta ferramentas para gerar documentação a partir do código ou código a partir da documentação. No Capítulo 2, "API aberta", você encontra os detalhes da definição e utilização desse padrão.

Paradigmas

Os paradigmas de programação são atributos que expressam como uma linguagem funciona, qualificando-a com base em sua funcionalidade.

Em outras palavras, eles podem ser entendidos como um estilo, modelo ou metodologia de programação, que aponta para a melhor forma de solucionar problemas usando uma determinada linguagem.

Não se trata apenas de uma linguagem, mas a forma como você soluciona problemas usando determinado código. Existem muitas linguagens de programação conhecidas, mas todas elas precisam seguir algumas regras quando implementadas. E essas regras são os paradigmas.

O que acontece é o seguinte: com tantas linguagens de programação existentes, é importante que elas sigam algumas regras na hora de ser implementadas. São essas regras, por sua vez, que ficaram conhecidas como paradigmas.

Da mesma forma, quando uma nova linguagem de programação é desenvolvida, ela tende a se enquadrar em um paradigma ou até mesmo em mais de um, conforme suas características específicas.

1. Paradigma procedural (ou imperativo)

Nesse tipo de programação, as linhas de instruções (ou comandos) devem ser passadas ao computador na sequência em que devem ser executadas, como uma espécie de passo a passo, e então agrupadas em procedimentos que a máquina deverá executar (daí o nome procedural). Vários tipos de linguagem de programação suportam esse tipo de paradigma, como Fortran, Cobol e Pascal.

Esse paradigma tem a vantagem de ser eficiente – geralmente, um programa escrito nele tem a característica de ser mais estático e não se espera que mude muito ao longo do tempo. É também fortemente utilizado quando há necessidade de visibilidade clara dos diferentes estados do aplicativo. A principal desvantagem é que o código-fonte gerado é de difícil legibilidade.

2. Paradigma orientado a objetos

Foi popularizado na década de 90 com a linguagem de programação Java. Isso se deve, principalmente, aos seus inúmeros benefícios, como a modularidade do código e a capacidade de abstrair diretamente o mundo real em termos de código usando o modelo de classe e objeto. Além disso, ele foi o primeiro paradigma a permitir a programação multiplataforma.

Segundo esse paradigma, todos os objetos têm determinados estados e comportamentos (ou funcionalidades). Esses estados são descritos pelas classes como atributos. Já a forma como eles se comportam é definida por meio de métodos.

Para que uma linguagem de programação seja do tipo orientada a objetos, deve implementar seus três conceitos básicos: herança, polimorfismo e encapsulamento.

O paradigma orientado a objetos surgiu como uma grande aposta para resolver gargalos da indústria de software, como produzir programas de forma mais ágil, com maior confiabilidade e a um custo menor. Alguns exemplos de linguagens orientadas a objetos são Java, C++, C# e Python.

No geral, vale a pena utilizar os paradigmas da programação orientada a objetos quando vários programadores atuam juntos e não precisam entender tudo sobre cada componente, quando existe muito código a ser compartilhado e reutilizado ou quando são previstas muitas mudanças no projeto.

3. Paradigma orientado a eventos

A execução do programa se dá à medida que determinados eventos são disparados pelo usuário; logo, existem rotinas responsáveis por capturar esses eventos e executar determinados comportamentos que são respostas a esses eventos. Portanto, quem usa é responsável pelo momento em que o programa é executado.

Sendo assim, a ocorrência de um evento pode provocar uma reação que pode ser uma ação (ou um conjunto delas) a ser tomada. Ou seja, ele trabalha com o princípio de Hollywood: "Não nos telefone, nós telefonaremos para você".

Uma arquitetura orientada a eventos é composta de produtores e consumidores de eventos. Um produtor detecta ou percebe um evento e o representa como uma mensagem. Ele geralmente não conhece o consumidor nem o resultado do evento. Apenas o dispara (RED HAT, 2019).

Esse tipo de arquitetura é levemente acoplado porque os produtores de eventos não sabem que os consumidores estão detectando um evento. Além disso, esse evento não sabe as consequências da sua ocorrência.

4. Paradigma funcional ou programação funcional

Considerado uma das derivações mais famosas do paradigma declarativo, o paradigma funcional recebe esse nome por ser fortemente dependente de uma base matemática, onde o problema é dividido em blocos e, para sua resolução, são implementadas funções que definem variáveis em seu escopo e retornam algum resultado.

Nesse caso, todo o código está dentro de uma função e todas as variáveis têm escopo definido para a função. Logo, as funções não modificam nenhum valor fora do escopo dessa função e as próprias funções não são afetadas por nenhum valor fora do escopo.

O paradigma funcional tem alocação de memória automática. Isso elimina possíveis "efeitos colaterais" nos cálculos matemáticos das funções. Subdivide-se o problema proposto e as funções implementadas ficam responsáveis por fazer os cálculos matemáticos.

São exemplos de linguagens suportadas por este paradigma: LISP, Scheme, Haskell, Scala, Racket, JavaScript.

5. Paradigma declarativo

Nesse paradigma, há declarações iniciais de verdades lógicas que são imutáveis. Ele foca mais em "o quê" deve ser resolvido do que, necessariamente, em "como" isso deve ser feito.

Sendo assim, o nível de abstração é maior, ao passo que o programa tem a preocupação em descrever determinada sequência lógica e qual o resultado esperado, sendo que os resultados esperados serão sempre os mesmos. É diferente da programação imperativa, na qual um mesmo trecho de código pode retornar resultados diferentes.

Entre as principais vantagens associadas a essa categoria estão a facilidade de acesso a banco de dados e também seu tamanho. Os programas costumam ser menores, já que é preciso usar menos código para realizar um objetivo.

O JavaScript dá suporte a programação declarativa, imperativa e funcional. Geralmente, o modo de programação declarativa tem se mostrado bastante eficaz para *frontend* e é bastante utilizado pelo *framework* Angular.

11. Experiência do desenvolvedor

Marcus Vinicius Santana Silva

UX *vs.* DX: similaridades e diferenças

Experiência do desenvolvedor (em inglês, *Developer Experience* – DX) tem como principal função compreender e proporcionar a melhor experiência para seus usuários, geralmente desenvolvedores e profissionais da área tecnológica, simplificando processos como integração, uso da biblioteca, *kit* de desenvolvimento, documentações, *frameworks*, softwares livres, APIs, implementação e demais ferramentas. No DX o foco é voltado para o que acontece em seu interior.

É considerado um bom DX quando os desenvolvedores conseguem usar facilmente sua tecnologia em seus projetos, sendo fácil avaliar, instalar, testar, integrar e manter. Nesse contexto, Fagerholm e Münch (2012) defendem a ideia de que DX são experiências relativas a todos os tipos de artefatos e atividades que um desenvolvedor possa encontrar como parte de sua participação no desenvolvimento de um software.

Em contrapartida, temos a **experiência do usuário** (*User Experience*, comumente conhecida como UX). Podemos atribuir diferentes significados ao termo "experiência". Pode estar relacionada a um experimento químico, às habilidades desenvolvidas com o passar dos anos ou ainda estar relacionada com os sentimentos gerados a partir de uma situação vivenciada, inclusive no uso de um produto ou de um serviço (HOUAISS, s.d.). Portanto, afirmar que determinado produto entrega uma boa experiência ao usuário significa dizer que o sistema é facilmente acessado e usado, tem bom desempenho e ajuda o usuário a atingir seus objetivos, gerando emoção, prazer, eficácia, eficiência e satisfação. Segundo Garrett (2003, p. 10) a experiência do usuário não é sobre como um produto funciona em seu interior, e sim como ele funciona no exterior, quando a pessoa entra em contato e tem que utilizá-lo. Buley (2013, p. 15-17) complementa afirmando que a experiência do usuário está interligada a fatores humanos e à usabilidade, relacionando-se ao desenvolvimento de software, mas não se restringindo à parte técnica do produto. No UX o foco se mantém no consumidor final e objetiva oferecer a melhor eficácia e eficiência para seus usuários, tanto em usabilidade quanto em facilidade de execução e interação com uma ferramenta, site, aplicativo ou outro sistema.

Notamos, portanto, que DX e UX possuem aspectos em comum, como o interesse em promover a melhor experiência para seus usuários, mas atendem a públicos distintos e possuem diferentes finalidades. A maior diferença entre UX e DX é que a experiência do usuário se concentra nos usuários finais, enquanto a experiência do desenvolvedor é sobre os desenvolvedores que usam seu software para implementar uma solução para seus usuários finais. Mas também há muitas semelhanças. Tanto o UX quanto o DX se preocupam em entregar um produto melhor, mais fácil e agradável de usar. Além disso, métodos semelhantes podem ser usados para investigar UX e DX, como pesquisas, testes de usuários, *feedbacks* e personas.

Alguns fatores são capazes de construir um direcionamento para um *Developer Experience* positivo para os usuários, entregando uma boa experiência para os usuários finais. Um dos princípios fundamentais para tornar o produto atrativo para os desenvolvedores é possuir conjuntos de funcionalidades que resolvam problemas de negócios. A interação desenvolvedor-funcionalidade precisa ser simples, transparente e testável. Vale salientar que o produto precisa estar resiliente a falhas e comportamentos inesperados, evitando experiências negativas. Agora que já conhecemos a importância da funcionalidade do produto precisamos garantir que ela esteja pronta para uso. Para atingir esse resultado é preciso atender a requisitos técnicos como: alto desempenho, resiliência, confiabilidade, transparência, atomicidade e vários outros. Sabemos que os softwares podem apresentar inconsistências ao longo da sua vida útil, por isso é fundamental ter boas monitorias e observabilidade para identificar as anormalidades, possibilitando uma ação preventiva e reduzindo, assim, os possíveis impactos ao cliente final, resultando em um projeto mais sólido.

Outro princípio que proporciona um DX positivo é a facilidade de uso. Não é somente sobre navegar na documentação da ferramenta, mas também interagir com o que for necessário em todas as etapas da jornada de forma eficiente. Para isso, é fundamental que os processos de interação sejam menos burocráticos e que forneçam resultados imediatos e claros. Por conseguinte, o processo de desenvolvimento ficará mais ágil e direto ao ponto. Para alcançarmos clareza na jornada do desenvolvimento é necessário que a documentação seja rica em detalhes, exibindo diagramas, análises de casos de uso, referências, bases de conhecimentos, tópicos mais acessados pela comunidade, *cases* predefinidos com cenários reais para possibilitar a construção de filtros eficientes e intuitivos, além de ter meios para identificar e avaliar a experiência do usuário.

Um dos principais intuitos consiste em atingir desenvolvedores e profissionais de TI, possibilitando a criação de um ambiente colaborativo em torno do seu produto. Para disseminar o conhecimento podemos criar fóruns, *blogs* ou projetos *open source*.

Em suma, *Developer Experience* está ligado a desenvolvedores e, ao promover uma boa interação, considerando quesitos como funcionalidades que atendem às demandas, um projeto sólido, claro, fácil de utilizar e uma documentação objetiva, trará benefícios também às empresas, visto que a boa experiência do usuário proporcionará um maior engajamento do produto no mercado, maior divulgação através do marketing espontâneo, melhores *insights* da comunidade, aumento de receita etc. Para o desenvolvedor é disponibilizado um produto eficiente para resolução de problemas, um software atualizado e preparado para atendê-lo.

Nesse sentido, podemos citar exemplos de APIs que investem em *Developer Experience*, ampliando seu público-alvo e oferecendo produtos e/ou serviços com maior qualidade, como é o caso do Google Cloud, que disponibiliza um conjunto de APIs privadas cuja missão é permitir que desenvolvedores façam uso de funcionalidades do Google, como mapas, planilha, *drive*, autenticação etc. A WhatsApp Business é outro exemplo de API que se preocupa em fornecer uma boa experiência ao desenvolvedor. Tem por intuito permitir que médias e grandes empresas possam manter comunicação com os usuários em grande escala. Com a API, as empresas podem conectar milhares de agentes e *bots* para interagir com clientes de maneira programada ou manual. Além disso, é possível integrar a API a inúmeros sistemas de *backend*, como CRM e plataformas de marketing. Podemos citar também o Twilio, uma API fluente para entrega de múltiplos recursos como SMS, e-mail, serviços de voz, serviços de vídeo e *chatbots*, e que possui uma boa experiência do usuário, favorecendo assim a sua disseminação em alta escala.

Por fim, reconhecemos que DX e UX estão intrinsecamente ligados, pois a experiência do desenvolvedor busca fornecer um ótimo DX para que os desenvolvedores possam fornecer um ótimo UX.

12. Melhores práticas

Marcio Henrique

No mundo corporativo, as regras de mercado mudam a cada momento. Os softwares precisam acompanhar essas mudanças para atender às demandas da empresa e, assim, esta ser mais competitiva. Para isso, a aplicação precisa se manter e se adaptar às alterações de forma fácil, ágil e eficaz.

Para definir um bom código não basta simplesmente garantir que ele esteja funcionando. A sua legibilidade e manutenibilidade são fatores imprescindíveis, que contribuem para a agilidade e produtividade dos sistemas. É natural que cada desenvolvedor siga ideias e caminhos diferentes, o que pode gerar alguma dificuldade na sua compreensão dentro de um time de desenvolvedores, mas é certo que a adoção de convenções e boas práticas possibilita a geração de um código-fonte mais intuitivo, com síntese clara e elegante, possibilitando que qualquer desenvolvedor seja capaz de interpretar e realizar manutenções. Mesmo não trabalhando em equipe, é necessário ter em mente que nem sempre podemos garantir que o código será mantido pelo desenvolvedor que o criou. Sendo assim, quanto mais claro e organizado ele estiver, mais fácil será o trabalho de quem precisar realizar manutenções no futuro.

Dessa maneira, independentemente do tipo de projeto em que se está trabalhando, a qualidade do código poderá determinar o sucesso ou o fracasso da solução. A adoção de boas práticas gera uma série de benefícios que vamos abordar no decorrer deste texto. Vamos também conhecer alguns princípios e conceitos que servirão como base para a construção de um design de código expressivo, fácil de manter e totalmente ajustável às alterações de escopo.

SOLID

Quando falamos em boas práticas, SOLID é um assunto que não podemos deixar de comentar.

É importante destacar que não estamos falando de um padrão que podemos decidir aplicar ou não em nossos projetos, mas sim de um fundamento da orientação a objetos que todo desenvolvedor tem a obrigação de conhecer, dominar e aplicar no dia a dia das suas atividades (PIRES, 2015).

A palavra SOLID é um acrônimo dos cinco primeiros princípios da programação orientada a objetos e design de código que foram identificados por Robert C. Martin (conhecido também como *Uncle Bob*). Nos tópicos seguintes, vamos apresentá-los.

SRP – *Single Responsibility Principle* (princípio da responsabilidade única)

Este é o primeiro princípio abordado, o mais importante e mais simples de compreender.

De acordo com Robert C. Martin (1996), uma classe deve ter um, e somente um, motivo para mudar. Ou seja, ela deve possuir uma funcionalidade específica. Por exemplo: se uma classe é responsável pela geração de um determinado relatório, isso quer dizer que ela deve possuir apenas métodos pertinentes à geração do relatório em questão. Mas se essa mesma classe realizar a conexão com o banco de dados, filtrar e validar as informações, quebra totalmente o princípio da responsabilidade porque passa a ter mais de um motivo para mudar.

```
#region errado
public class LavaJato
{
        public void LavarVeiculo(object veiculo)
        {
        // código para lavar o veículo
        }

        public void Pagamento(object veiculo)
        {
        // código para realizar o pagamento do serviço
        }
}
#endregion
```

Exemplo de uma classe com várias responsabilidades.

Aplicar diversas responsabilidades a uma classe, ou a um método, aumenta as chances desta sofrer alterações futuras e, consequentemente, potencializa o surgimento de falhas ou erros propensos a fazer com que partes do seu código deixem de funcionar ou até mesmo prejudiquem uma classe por inteiro.

```
#region correto
public class Servico
{
      public void LavarVeiculo(object veiculo)
      {
      // código para lavar o veículo
      }
}

public class Caixa
{
      public void Pagamento(object veiculo)
      {
      // código para realizar o pagamento do serviço
      }
}
#endregion
```

Exemplo de classes com responsabilidades únicas.

A questão da responsabilidade não é somente sobre os impactos das mudanças: trata-se de garantir a qualidade do código tornando as classes mais coesas e facilitando o seu entendimento.

OCP – *Open Close Principle* (princípio aberto fechado)

Sobre esse princípio, Robert C. Martin descreve o seguinte:

> *Quando uma única mudança em um programa resulta em uma cascata de mudanças nos módulos dependentes, esse programa exibe os atributos indesejáveis que passamos a associar a um design 'ruim'. O programa torna-se frágil, rígido, imprevisível e não reutilizável. O princípio aberto-fechado ataca isso de uma maneira muito direta. Diz que você deve projetar módulos que nunca mudam. Quando os requisitos mudam, você estende o comportamento de tais módulos adicionando novo código, não alterando o código antigo que já funciona. (MARTIN, 1996, p. 1)*

```
#region errado
public class Servicos
{
      public void LavarVeiculo(object veiculo)
      {
            if (veiculo is carro)
            {
            // código para lavar um carro
            }
            if (veiculo is moto)
            {
            // código para lavar um moto
            }
      }
}
public class Carro
{
// propriedades do carro
}
public class Moto
{
// propriedades da moto
}
#endregion
```

Tomemos o exemplo anterior. Analisando a estrutura do código, teríamos um problema se quiséssemos implementar um novo veículo. Observe que, para cada novo tipo de veículo, seria necessário modificar a classe **Servicos** adicionando um novo "if" de validação e localizar **Servicos** adicionando um novo "if" de validação e assegurar que as novas funcionalidades não impactem as já existentes.

```
#region correto
public class Servicos
{
      public void LavarVeiculo(object veiculo)
      {
            veiculo.Lavar();
      }
}
public abstract class Veiculo()
{
      public abstract void Lavar();
}
```

```
public class Carro : Veiculo
{
// propriedades do carro
        public override void Lavar()
        {
        // código para lavar carro
        }
}
public class Moto : Veiculo
{
// propriedades da moto
        public override void Lavar()
        {
        // código para lavar moto
        }
}
#endregion
```

Nesse segundo exemplo, temos uma abstração bem definida com todas as extensões implementando suas próprias regras sem impactar a classe **Servicos**. Esta última fica aberta para novas extensões e fechada para modificações, tornando a aplicação mais coesa.

Em resumo, esse princípio orienta que as entidades de software, como classes, módulos e funções, devem estar abertas para extensão, mas fechadas para modificação (MEYER, 1997). As alterações não são necessariamente proibidas. É claro que sempre poderão existir mudanças imprevistas, como a necessidade em alterar um comportamento já existente. No entanto, se as mudanças podem ser previstas, podemos realizar a extensão da classe, isolando-a de mudanças.

LSP – *Liskov Substitution Principle* (princípio da substituição de Liskov)

Barbara Liskov, primeira mulher a obter PhD em Ciência da Computação nos Estados Unidos, ficou mundialmente conhecida por introduzir o conceito do princípio da substituição de Liskov (HOSCH, s.d.).

> *Se q(x) é uma propriedade demonstrável dos objetos x do tipo T, então q(y) deve ser verdadeiro para objetos y de tipo S onde S é um subtipo de T.*

Partindo do seu lema mais conhecido: "se nada como um pato, voa como um pato, porém precisa de baterias, provavelmente você possui um problema de abstração". Esse princípio diz que se uma subclasse deixa de herdar os comportamentos da sua classe pai significa que ela está sendo utilizada de forma inadequada. Os objetos devem ser substituídos por seus subtipos sem afetar a execução do processo e mantendo o seu código íntegro.

```
#region errado
public class Servicos
{
      public void LavarVeiculo(object veiculo)
      {
            veiculo.Lavar();
      }
      public void PolirVeiculo(object veiculo)
      {
            veiculo.Polir();
      }
}
public abstract class Veiculo()
{
      public abstract void Lavar();
      public abstract void Polir();
}
public class Carro : Veiculo
{
// propriedades do carro
      public override void Lavar()
      {
      // código para lavar carro
      }
      public override void Polir()
      {
      // código para polir carro
      }
}
public class Cavalo : Veiculo
{
// propriedades do cavalo
      public override void Lavar()
      {
      // código para lavar cavalo
      }
      public override void Polir()
      {
      // não aceitável para o tipo de objeto
      }
}
#endregion
```

O princípio da substituição de Liskov está diretamente ligado ao **polimorfismo**, por isso é extremamente importante o cuidado na utilização de herança, garantindo que uma determinada subclasse possa ser substituída por outra e continue herdando todos os comportamentos da sua classe pai.

ISP – *Interface Segregation Principle* (princípio da segregação de interface)

Quando falamos de interfaces em um contexto baseado em programação orientada a objetos, estamos falando das formas como podemos interagir com o objeto, ou seja, cada chamada de método que o objeto recebe constitui uma interface. Podemos dizer que a interface representa uma espécie de contrato, onde cada classe que deseja compartilhar o comportamento dessa interface precisa implementar todos os métodos contidos nela.

O exemplo a seguir representa uma violação desse princípio:

```
#region errado
public interface ICadastro
{
        void ValidarDados();
        void SalvarBanco();
        void GerarCartaoFidelidade();
}
public class CadastroCliente : ICadastro
{
        public void ValidarDados()
        {
        // código para validar os dados
        }
        public void SalvarBanco()
        {
        // código para salvar dados no banco
        }
        public void GerarCartaoFidelidade()
        {
        // código para gerar o cartão de fidelidade
        }
}
```

```
public class CadastroVeiculo : ICadastro
{
    public void ValidarDados()
    {
    // código para validar os dados
    }
    public void SalvarBanco()
    {
    // código para salvar dados no banco
    }
    public void GerarCartaoFidelidade()
    {
    // não seria possível gerar um cartão de fidelidade
    // para o veículo
    }
}
#endregion
```

Quando a classe **CadastroVeiculo** assume a interface **ICadastro**, ela passa a ser obrigada a implementar todos os métodos da interface, incluindo o método **GerarCartaoFidelidade**.

Nesse caso podemos ter duas soluções:

Na solução 1, a interface deixaria de ter o método **GerarCartaoFidelidade**, sendo implementado de forma opcional na classe **CadastroCliente**.

```
#region opcao1
public interface ICadastro
{
    void ValidarDados();
    void SalvarBanco();
}
public class CadastroCliente : ICadastro
{
    public void ValidarDados()
    {
    // código para validar os dados
    }
    public void SalvarBanco()
    {
```

```
        // código para salvar dados no banco
        }
        public void GerarCartaoFidelidade()
        {
        // código para gerar o cartão de fidelidade
        }
}
public class CadastroVeiculo : ICadastro
{
        public void ValidarDados()
        {
        // código para validar os dados
        }
        public void SalvarBanco()
        {
        // código para salvar dados no banco
        }
}
#endregion
```

Já na solução 2 as interfaces são distintas para cada tipo de cadastro.

```
#region opcao2
public interface ICadastroCliente
{
        void ValidarDados();
        void SalvarBanco();
        void GerarCartaoFidelidade();
}
public interface ICadastroVeiculo
{
        void ValidarDados();
        void SalvarBanco();
}
public class CadastroCliente : ICadastroCliente
{
        public void ValidarDados()
        {
        // código para validar os dados
        }
        public void SalvarBanco()
        {
```

```
        // código para salvar dados no banco
        }
        public void GerarCartaoFidelidade()
        {
        // código para gerar o cartão de fidelidade
        }
}
public class CadastroVeiculo : ICadastroVeiculo
{
        public void ValidarDados()
        {
        // código para validar os dados
        }
        public void SalvarBanco()
        {
        // código para salvar dados no banco
        }
}
#endregion
```

A proposta do ISP é de que, ao definirmos as interfaces, tenhamos apenas os métodos necessários e específicos dos escopos em que estamos trabalhando e assim garantirmos comportamentos e responsabilidades bem definidas (BENJAMIM, 2020).

DIP – *Dependency Inversion Principle* (princípio da inversão de dependência)

De acordo com *Uncle Bob* (MARTIN, 1996, p. 1), o princípio da inversão de dependência pode ser definido como:

1. Módulos de alto nível não devem depender de módulos de baixo nível e ambos devem depender de abstrações.
2. Abstrações não devem depender de detalhes, mas detalhes devem depender de abstrações.

Em outras palavras, esse princípio define que os módulos devem sempre depender de conceitos, independentemente de como eles funcionam, fazendo com que saibam o mínimo possível sobre outros componentes.

Para deixar mais claro, vamos apresentar um exemplo prático em que módulos de alto nível dependem de módulos de baixo nível:

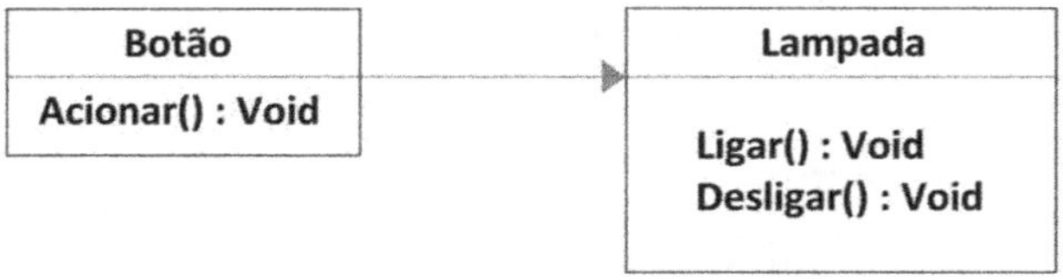

Figura 12.1. Dependência de módulos.
Fonte: adaptado de Castilho (2013).

```
#region errado
public class Botao
{
        private Lampada _lampada;
        public void Acionar()
        {
                if(condição) _lampada.Ligar();
        }
}
#endregion
```

A classe **Botao** limita-se apenas a ligar ou desligar o dispositivo **Lampada**. Caso desejássemos implementar outros dispositivos, isso não seria possível devido à estrutura disposta. Nesse caso, é necessário adicionar uma camada responsável por intermediar as ações entre o botão e os dispositivos, invertendo, dessa maneira, a dependência do botão com a lâmpada.

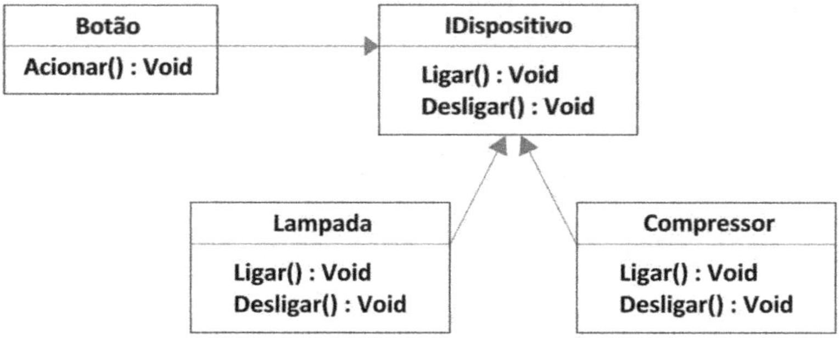

Figura 12.2. Utilizando abstração com interface.
Fonte: adaptado de Castilho (2013).

```
#region correto
public class Botao
{
      private IDispositivo _dispositivo;

      public void Acionar()
      {
            if(condição) _dispositivo.Ligar();
      }
}
public interface IDispositivo
{
      void Ligar();
      void Desligar();
}
public class Lampada : IDispositivo
{
      public void Ligar()
      {
      // ligar lampada
      }
      public void Desligar()
      {
      // desligar lampada
      }
}
public class Compressor : IDispositivo
{
      public void Ligar()
      {
      // ligar compressor
      }
      public void Desligar()
      {
      // desligar compressor
      }
}
#endregion
```

A interface **IDispositivo** utiliza o conceito de abstração cujas funcionalidades são disponibilizadas de forma representativa e implementadas apenas quando um módulo de baixo nível apresenta todos os detalhes necessários para a sua execução.

Clean code

Para muitos, uma das atividades mais cansativas de um desenvolvedor de software é a manutenção de sistemas legados, para a qual se faz necessário realizar a leitura e o entendimento de inúmeros códigos-fonte desenvolvidos por pessoas que não fazem mais parte da equipe. Isso pode se tornar ainda mais maçante quando o código não está bem desenvolvido e apresenta diversas falhas. Em algumas situações, o grau de incerteza e frustração é tão grande que se leva a cogitar a possibilidade de reescrever tudo do início.

O *clean code* basicamente é uma técnica que estabelece um conjunto de princípios e boas práticas sobre como desenvolver um código de fácil compreensão e que possa ser mantido por outros desenvolvedores.

Alguns princípios e boas práticas podem ser observados a seguir:

- ✓ **Objetividade** – O código deve possuir o mínimo de complexidade e o máximo de compreensão.
- ✓ **YAGNI** – "You ain't gonna need it!" É o princípio que enfatiza a importância de implementar coisas apenas quando elas realmente são necessárias.
- ✓ **DRY** – Trazido por Andy Hunt, "Don't Repeat Yourself" é um conceito de não ambiguidade, ou seja, se já foi inserido em algum lugar, então não devemos implementar novamente.
- ✓ **Eficiência** – Procure sempre garantir que um determinado código tenha um objetivo específico e que funcione da forma que foi proposto.
- ✓ **Código elegante** – Sempre ter uma atenção especial no código para deixá-lo o mais simples e ao mesmo tempo de fácil compreensão.
- ✓ **Evitar comentários** – Um bom código deve ser claro o suficiente para não precisar de comentários. Utilize apenas quando realmente for necessário.
- ✓ **A importância dos nomes** – O nome sempre deverá passar de forma direta, clara e objetiva a sua ideia central independentemente do tamanho que possa gerar. Isso evita confusões e a necessidade de comentários no código.
    - **Nomes de classe** – O nome das classes devem ser substantivos e devem revelar a solução (ou problema) em questão. Exemplos: **ClienteDTO**, **VeiculoRepository**.
    - **Nomes de métodos** – O nome dos métodos deve ser verbo no infinitivo ou conjugado, mas sempre seguindo o mesmo padrão em todo o projeto. Exemplos: **LavarVeiculo**, **EfetuarCadastro**.

- ✓ **Tratamento de erros** – É importante que o código sempre esteja preparado para eventuais falhas que possam ser tratadas da melhor forma possível.
- ✓ **Formatação** – Uma boa formatação e indentação do código garante a sua legibilidade.

Ao final dessa exposição, esperamos que o desenvolvedor, de conhecimento desses princípios e boas práticas, tenha ciência de que desenvolver soluções de qualidade, com objetividade e organização, pode garantir mais agilidade e produtividade e evita desperdícios e retrabalho. Além disso, instrumentaliza-o para adaptar qualquer solução a novas exigências de funcionalidade, tão numerosas e complexas atualmente diante da complexidade do mundo atual. Por fim, lembramos que escrever um bom código dá o mesmo trabalho que escrever um mau código – o que difere, muitas vezes, são as futuras consequências.

13. Exemplo prático (código comentado, .NET)

Valdivino R. de S. Filho

No desenvolvimento de sistemas precisamos sempre ter em mente que estamos fazendo um sistema para grandes volumes de transações. Se sempre tiver isso em mente, o sistema que vai desenvolver pode atender a qualquer tamanho de negócio – e mesmo que o negócio cresça, seu sistema pode continuar atendendo com escalabilidade e eficiência. Os sistemas devem ser simples e de fácil compreensão, mesmo que tenham que resolver problemas complexos. Então neste exemplo a aplicação tem uma base simples, porém eficiente, com possibilidade de crescimento e escalável. Para construir sistemas em *.NET core* utilizando o Visual Studio, temos muitos exemplos que podem auxiliar de forma inicial no processo de construção.

Montando o projeto, inicialmente é necessário pensar no repositório que se utilizará. O repositório escolhido pela Jornada é o GitHub. O código-fonte funcional pode ser acessado no repositório da Jornada Colaborativa[2]. Os comentários adicionais constam no código-fonte.

Será utilizada como estratégia rodar a aplicação em *container*, que pode ser facilmente distribuído. Todas as nuvens públicas aceitam o *deploy* via Docker.

Da codificação do projeto

Normalmente, mesmo que o projeto não tenha sido desenhado como DDD(*Domain Driven Design*), costumamos utilizar o DDD ou *clean* DDD como padrão das suas camadas, então temos que criar alguns projetos conforme segue:

- ✓ **APINaPratica.API** é nossa API de fato, onde teremos interação com o mundo externo.

---

2 <https://github.com/jornada-colaborativa/jornada-api>.

- ✓ **APINaPratica.Dto** é como apresentamos nossos objetos para os clientes externos.
- ✓ **APINaPratica.Application** é por onde nossa API conversa com o repositório da aplicação.
- ✓ **APINaPratica.Domain** é onde escrevemos o domínio de nossa aplicação.
- ✓ **APINaPratica.Infra.Mongo** é a camada responsável por conversar com o repositório de dados. Escolhemos o MongoDB para ser o repositório de dados.
- ✓ **APINaPratica.UOW** é o *unit of work* que orquestra as transações em que estamos trabalhando.

1. Na construção da aplicação em Visual Studio 2022, precisamos de uma *solution*. O ideal é criar uma solução em branco para adicionar os projetos nela, de acordo com o que é preciso para a aplicação.
   a. Após a adição da solução em branco, precisamos começar a adicionar os projetos. Para adicionar os projetos, devemos criar uma pasta chamada **src** que irá conter os projetos para a aplicação e ajudar a separá-los de outros projetos, como o projeto de teste, que deverá ficar na pasta **teste**, na raiz da solução.
   b. Inicialmente podemos criar um projeto para a API do tipo ASP.NET *core web* API utilizando o .NET 6.0, configurado para HTTPS, com o Docker ativado, utilizando *controllers* e com o suporte a *open API*. Esse tipo de projeto é criado com um exemplo de chamada no *controller* de nome *Weather Forecast* (que deve ser apagado).
   c. Depois podemos criar alguns projetos do tipo *class library* que podem rodar em vários sistemas operacionais diferentes. Vamos utilizar o .NET 6.0 como *framework* de todos os outros projetos com exceção de **APINaPratica.API**.
2. Para iniciarmos a criação do projeto, temos que começar pelo domínio. No projeto *domain* podemos criar uma pasta chamada "Entities", que irá abrigar as entidades da aplicação. Dentro dessa pasta, criaremos uma pasta com o nome da entidade de que precisamos. Neste caso, será a "Animais", então a pasta é a "Animal". A outra pasta que vamos criar é a pasta "Interfaces", onde ficarão nossas interfaces. Nesse caso, dentro da pasta "Interfaces", vamos ter uma pasta chamada "Repositories", pois vamos utilizar a estratégia de *repository* para acesso a dados. Dentro dessa pasta colocamos as nossas interfaces:
   a. Entities/Animal/Animal.cs
   b. Interfaces/Repositories/IAnimalRepository.cs
   c. Interfaces/Repositories/IMongoContext.cs
   d. Interfaces/Repositories/IRepository.cs
   e. Interfaces/Repositories/IUnitOfWork.cs

3. Após a criação do domínio podemos criar o "Dto", que, em suma, é parecido com o domínio e é utilizado para expor nossos objetos externamente e também trabalhar com suas transformações se necessário. Então, temos que criar duas pastas: uma chamada "Animal" e outra chamada "Base". Esta irá conter a base, ou seja, elementos que podem ser comuns às outras classes (utilizaremos a herança como forma de usar esses elementos em outras classes).
   a. Animal/AnimalDto.cs
   b. Base/BaseDto.cs
4. Podemos criar a infraestrutura de acesso a dados. No nosso caso, utilizaremos o MongoDB. Então neste projeto teremos o contexto de acesso aos dados, as configurações do repositório e a persistência no repositório de dados.
   a. Context/MongoContext.cs
   b. EntityConfig/AnimalMap.cs
   c. Persistence/MongoDbPersistence.cs
   d. Repository/AnimalRepository.cs
   e. Repository/BaseRepository.cs
5. O *unit of work* é utilizado para coordenar as transações quando temos mais de um MongoDB, ou seja, o MongoDB está instalado em *cluster*, então precisamos ter um orquestrador de transação.
   a. UnitOfWork.cs
6. Agora vamos construir a *application* que é responsável pela interação da API com o repositório de dados e o domínio.
   a. Interfaces/IAnimalAppService.cs
   b. Services/AnimalAppService.cs
7. E, por fim, a API, que será responsável por interpretar os verbos HTTP e por acessar o *application service*. Ela terá algumas validações de .json responsáveis por não deixar passar qualquer arquivo .json e qualquer tipo de chamada para nossa API. A seguir estão apenas os arquivos que foram alterados durante o processo de criação da API.
   a. Controllers/AnimalController.cs
   b. appsettings.json (arquivo de configuração)
   c. Program.cs

14. Documente sua API para os clientes

Silvio Gomes
Mari Tsuguta Sekine

Para que se perceba a importância do tema aqui proposto, vale pensar, agora, em alguns exemplos que demonstram o porquê de documentar bem uma API e documentá-la pensando nos clientes/consumidores. Os exemplos explorados são a compra de um carro zero e uma receita de bolo. Portanto, trata-se de um exercício de abstração, com o objetivo de demonstrar como uma documentação faz falta, mesmo no mundo real.

Supõe-se que alguém compre um carro zero que seja um lançamento da marca X e que, por algum motivo, não possui um manual do usuário. Com a empolgação no comando, o cliente comprou, saiu com o carro e foi direto ao posto. No automóvel não havia nenhuma entrada típica dos carros que podem, também, ser movidos a GNV (gás natural veicular). Qual combustível o comprador deveria colocar? Como saber? Não tem jeito. Nesse caso, teria que ligar para a concessionária e se informar, afinal, não vale a pena arriscar colocando o combustível errado.

Pois bem, trazendo para a realidade de uma API e seguindo o exemplo, surgem as seguintes questões: onde os clientes poderão se informar sobre quais parâmetros poderão usar para buscar uma lista de usuários em uma determinada API? Como eles poderão refinar a busca? Caso exista um parâmetro "status", quais valores são possíveis? A busca por nome exige, ao menos, quantos caracteres? Se o identificador for CPF, é possível digitar parte do CPF? Ou o CPF não faz parte dos parâmetros do serviço de busca?

Agora, para continuar a reflexão e fazer um exercício de abstração, em outro exemplo, uma pessoa entrou em um site de receitas e resolveu fazer um bolo. Ela ama bolo de cenoura com calda de chocolate e resolveu fazer esse. Na foto do site, o bolo era lindo e atrativo. Mesmo pensando que talvez não conseguisse fazer um bolo exatamente daquele jeito, a pessoa arrisca. No site constam os ingredientes: ovos, óleo de soja, cenouras, farinha de trigo, açúcar, fermento em pó. Desejosa de já iniciar a fazer, a pessoa começa a separar os ingredientes. Nesse momento, então, se toca de que em nenhum lugar a receita diz a quantidade de cada um dos itens. Quantas cenouras seriam? Qual o tamanho delas? Quantos ovos? Quais as medidas de açúcar, de óleo e de fermento? Como fazer um bolo se não se sabe exatamente o quanto usar de cada ingrediente? Frustrada, a pessoa vai buscar outro site com uma receita mais detalhada.

Esse é um risco, principalmente se a pessoa desenvolvedora trabalha com uma prestação de serviço de API que possua concorrentes. Se a API não estiver devidamente documentada, não há como o cliente perder tempo fazendo testes no ambiente de desenvolvimento só porque a "foto" é agradável. Ele vai procurar outro fornecedor. Caso não existam outros fornecedores, então a equipe terá que lidar com os clientes reclamando de tais serviços e, a todo momento, solicitando informações sobre a API.

O primeiro e principal critério, portanto, para uma documentação de API é de que ela possua o objetivo de atender aos clientes. Em uma empresa com APIs internas, há outros objetivos, como ajudar na manutenção. Porém, mesmo nesse contexto, seu objetivo principal é facilitar o consumo da API.

O mais importante, nesse momento, não está em conhecer uma ferramenta para documentar determinada API – aqui não há um tutorial sobre como usar o Swagger, por exemplo. O objetivo é compreender a importância da documentação bem elaborada: quais dados, exemplos e respostas documentar.

No início do capítulo foram dados dois exemplos de mundo real para que se pudesse compreender a importância da documentação de uma API. Aqui, todavia, aprofundaremos um pouco mais esse tema – agora, finalmente, voltado diretamente para o mundo das APIs.

Michael Meng, Stephannie Steinhardt e Andreas Schubert afirmam que "os desenvolvedores esperam que os critérios de qualidade para uma documentação técnica se apliquem também à documentação da API, como precisão, clareza e integridade" (MENG; STEINHARDT; SCHUBERT, 2019, p. 41 – tradução nossa). Isso significa que um desenvolvedor, no caso, o cliente da API, espera não apenas encontrar qual recurso deve consumir para buscar a informação sobre um usuário, uma compra ou um endereço. Além de esperar, com facilidade, encontrar qual chamada precisa realizar para ter acesso a este ou aquele recurso, o cliente também espera não ter dúvidas sobre como realizar tal consumo de informação: quais parâmetros são aceitos? Como a URL deve ser montada? Quais respostas podem ser esperadas?

Uma documentação, portanto, não pode se limitar a informar que tal recurso pode ser acessado. Não basta dizer que, no conjunto extenso de URLs, aquela específica trará a informação desejada. É necessário auxiliar a pessoa desenvolvedora e não permitir margem de dúvida e muito menos ambiguidades.

Na realidade, um grande desafio que se tem notado é que há suficiente esforço na codificação das APIs e pouco em sua documentação. Ao estipular um prazo para entrega de uma API, ou ao contá-la (em uma metodologia ágil), deve-se considerar o esforço necessário para a documentação. Ela faz parte do desenvolvimento e não pode ser encarada como um problema ou uma obrigação cansativa à parte da codificação. A consequência de uma documentação mal elaborada pode, como pontuado anteriormente, definir inclusive o abandono de um serviço por outro. Nesse sentido, ela pode acarretar prejuízos financeiros – a depender do contexto, obviamente.

Não vai ser difícil, para um cliente, em um estudo sobre qual serviço adotar, escolher as APIs que possuírem a documentação mais didática. Ferramentas como o Swagger, por exemplo, podem facilitar a elaboração de uma documentação apropriada. Porém, não adianta ter uma boa ferramenta e utilizá-la de forma ruim. Não se trata da ferramenta propriamente dita. Trata-se, antes de tudo, de uma dedicação e de seguir algumas dicas importantes no uso dessa ou daquela ferramenta ao documentar uma API. É claro que uma boa ferramenta de documentação pode ajudar bastante. Afinal, é necessário que ela contemple as possibilidades que aqui serão apontadas.

Gianni Angelini, em um artigo onde comparou a documentação de grandes corporações, pontua que não basta informar, por exemplo, formatos dos campos de um JSON ou dos parâmetros. Não é suficiente dizer que tal campo é uma *string* ou um inteiro. Para ela, "APIs modernas e complexas exigem informações adicionais, para ajudar efetivamente os programadores a compreender e a utilizar o código da API" (ANGELINI, 2018, p. 72). Como se pode notar, também para Angelini, a documentação é centralizada no cliente/desenvolvedor que consumirá a informação. Isso parece bastante óbvio, porém, na prática, muitas APIs não atendem aos requisitos básicos de uma documentação que deveria seguir um *template* exigente (ANGELINI, 2018, p. 75): sintaxe, descrição, parâmetros, dados de retorno, status/mensagens de erro, exemplos de requisição e exemplos de resposta.

Cobrir cada um desses pontos certamente criará uma documentação minimamente compreensível para o cliente. Partindo da ideia de compreensibilidade, é necessário atentar para que a documentação possa ser lida tanto por um desenvolvedor júnior, em sua primeira tarefa profissional, como por um arquiteto de software já experiente e com um grande número de APIs já consumidas e até fornecidas em seus trabalhos profissionais. Não se pode, portanto, preparar uma documentação que seja subjetiva, redundante ou com pouca preocupação em se fazer entender. Ao documentar uma API, "as dificuldades podem surgir desde a terminologia pouco clara, ou desconhecida, à complexidade de hierarquias de conteúdo e dificuldade em navegar e pesquisar informações" (ANGELINI, 2018, p. 73). Portanto, não basta toda a informação estar presente. É bom seguir uma lógica, uma ordenação, e utilizar termos que sejam orientados para a facilidade de compreensão. Sem ambiguidade.

Um bom exemplo está no uso de termos diversos para falar do mesmo objeto. Uma URI que busca uma lista de usuários não pode ter como derivação outra URI que cadastra pessoas. Ou seja, "GET v1/usuarios" pode ser descrita como uma URI que retorna uma lista de usuários. Contudo, "POST v1/usuarios" não pode ser descrita como uma URI que cadastra pessoas. Pessoas e usuários são termos diferentes e não podem, portanto, corresponder ao mesmo objeto. Se o objeto é "Usuario", ele precisa ser nomeado dessa forma em toda a documentação.

Assim, cadastrar pessoas não pode estar em uma API que se concentre em usuários. A não ser que exista diferenciação explícita: existe o cadastro de pessoas e o cadastro de usuários. Da mesma forma, não contribui para o entendimento o uso irregular de métodos HTTP. Não faz sentido um "GET" realizar um cadastro, ou um "POST" realizar uma pesquisa que retorne uma lista de clientes. Contudo, o mau uso dos verbos não é o foco deste capítulo. Uma boa documentação pode ser prejudicada pelo mau desenvolvimento. Assim como um bom desenvolvimento pode ser prejudicado por uma documentação insuficiente.

Tal prejuízo pode se manifestar de diversas formas: em APIs consumidas internamente por equipes diferentes da mesma empresa, pode gerar contato direto e constante com a equipe fornecedora para tirar dúvidas que a documentação poderia/deveria sanar; em APIs consumidas externamente, mas com contato com fornecedores, o mesmo pode acontecer, porém, nesse caso, pode atrapalhar diretamente a entrega e os prazos de outros clientes, por conta do tempo gasto para responder perguntas de diversos outros clientes que estão utilizando a API. Algumas dessas perguntas, inclusive por conta da existência de clientes diferentes, serão constantes e repetidas; em APIs consumidas externamente, antes mesmo de se fechar contrato, se pode pensar em procurar um concorrente com uma documentação mais atrativa e mais simples de ser consumida.

Portanto, antes de entrar nas dicas e nos detalhes a serem seguidos em uma documentação, importa relembrar que o esforço e a criatividade, usados no desenvolvimento, não podem ser esquecidos ao documentar uma API. É necessária igual dedicação. A pessoa desenvolvedora, então, não pode considerar a documentação como uma obrigação à parte do desenvolvimento. Deve, para uma valorização do próprio trabalho, compreender a necessidade de tempo, atenção e revisão de uma documentação. Portanto, tal esforço precisa ser mensurado e garantido ao estabelecer um prazo para a entrega de uma *release*.

Considerando o que foi descrito neste capítulo, é importante definir um bom *template*. Aqui serão abordados cada parte desse *template* na construção de uma URL. A partir dela, se demonstrará o nível de documentação a ser realizada. O que se deve compreender é que tal nível deve ser exigido para todas as URIs existentes. Os *prints* a serem exibidos são da ferramenta Swagger. Lembrando, contudo, que não se trata de uma recomendação ferramental, mas de uma recomendação documental. O Swagger será utilizado apenas por conta de sua popularidade.

Antes de continuar, porém, vale trazer algumas informações a partir da experiência dos coautores.

1. **Documentação organizada nunca é demais.** Apesar do Swagger, por exemplo, ser uma ferramenta excelente para padronizar as interfaces de APIs, ele não é capaz de cobrir todos os aspectos importantes que estão para além de rota, parâmetros, requisições e respostas. Uma documentação adicional com descrições ricas das regras de negócios, diagramas de sequência, máquinas de estado e exemplos cobrindo diversos cenários é essencial para garantir a padronização do comportamento dos clientes.
2. **Padronização e coerência.** É necessário definir padrões para os principais tipos e objetivos de dados. A ISO 20022 faz isso muito bem. Essa falta de entendimento dos campos gera problemas de interoperabilidade de vários tipos. Por exemplo, qual formato utilizar para campos de data? Seria **yyyy-mm-dd**? Ou **dd/mm/yyyy**? Como trafegar melhor valores financeiros?
3. **A documentação nunca está pronta.** Por mais tempo que se dedique à documentação de uma API, é impossível pensar em todos os aspectos. Ela sempre precisará ser melhorada. É importante ter um canal de comunicação claro para que os clientes da sua API sugiram melhorias e desenvolver um FAQ para que as principais dúvidas possam ser consultadas. Uma documentação textual fora do Swagger apoia nesse aspecto, pois ela sempre pode ser melhorada sem a necessidade de versionamento da API (quando for o caso).

Agora seguirá um exemplo de documentação que pode demonstrar como todos os aspectos do funcionamento da API, no Swagger ou em outra ferramenta, precisam estar claros. Na construção da documentação será considerada uma URI simples: **GET /usuarios/{cpf}**. Ela retorna um objeto **Usuario**. A documentação vai crescer de acordo com as dicas que forem surgindo ao longo da construção.

4. **Explique o que a API faz.** A Figura 14.1 demonstra como uma documentação parece estar clara, mas não está:

Figura 14.1. Documentação sem informações do *end-point*.
Fonte: os autores.

Em princípio, a documentação anterior parece ser suficiente para informar que se trata de uma API concentrada em usuários. Contudo, é importante informar o que o método faz, ainda que esteja "óbvio". É bom lembrar que não se sabe a senioridade do desenvolvedor que lerá a documentação. Portanto, o ideal seria iniciar documentando como mostra a Figura 14.2:

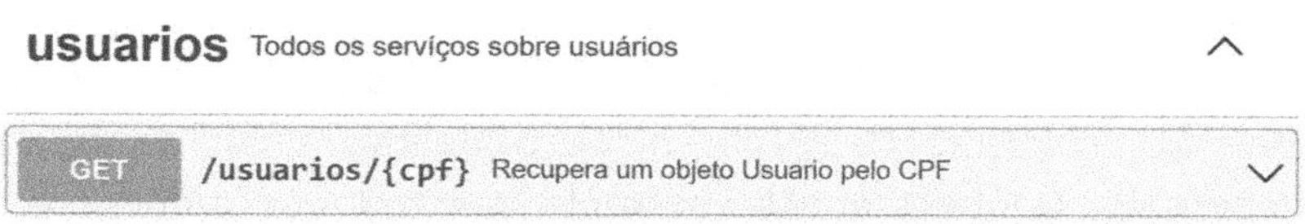

Figura 14.2. Documentação com informações sobre a utilidade *end-point*.
Fonte: os autores.

5. Exemplifique o que o usuário receberá ao consumir a API.

Embora a documentação esteja mais clara sobre o objetivo da funcionalidade, é consideravelmente importante apresentar um exemplo do objeto. O Swagger exibe, no fim da documentação, o objeto e sua descrição, conforme demonstra a Figura 14.3:

```
Usuario ∨ {
    cpf             string
                    example: 12345678909
                    O CPF do usuário

    nome            string
                    example: JOÃO DA SILVA
                    Nome completo do usuário

    email           string
                    example: joao.silva@empresa.com.br
                    O e-mail de contato do usuário

    status          string
                    example: A
                    A situação do usuário na base de dados

                    Enum:

                     ∨ [ A,I ]
    permissao       string
                    example: ADM
                    O nível de permissão, nos sistemas, para o usuário

                    Enum:

                     ∨ [ BASICO, ADM, GERENTE ]

}
```

Figura 14.3. Descrição detalhada dos campos do objeto.
Fonte: os autores.

O objeto "Usuario" está perfeitamente ilustrado, inclusive com descrição de cada campo. Contudo, movimentar da URI para o objeto implica em "sair" da documentação do recurso desejado. O interessante é o exemplo (com todos os campos preenchidos) ser exibido já na documentação da URI desejada. No caso, a documentação ficaria mais simples de se entender se o desenvolvedor da API seguir o exemplo da Figura 14.4:

Agora o desenvolvedor cliente consegue compreender que o parâmetro **cpf** é obrigatório e tem, inclusive, um exemplo de como é o JSON do objeto **Usuario**. Dessa forma, ele já entende que, se chamar a URI "usuarios/1234678909", irá retornar o objeto **Usuario** e qual a aparência desse objeto.

Mas e se a API não deseja realizar busca em sua base de dados à toa? Ou seja, e se, antes de realizar a consulta, a API resolver verificar se o CPF é válido? O que ela retornaria? Provavelmente um erro do tipo 400 (*bad request*) se não for passado um CPF válido no parâmetro. Nesse caso, já não retornaria um objeto **Usuario**.

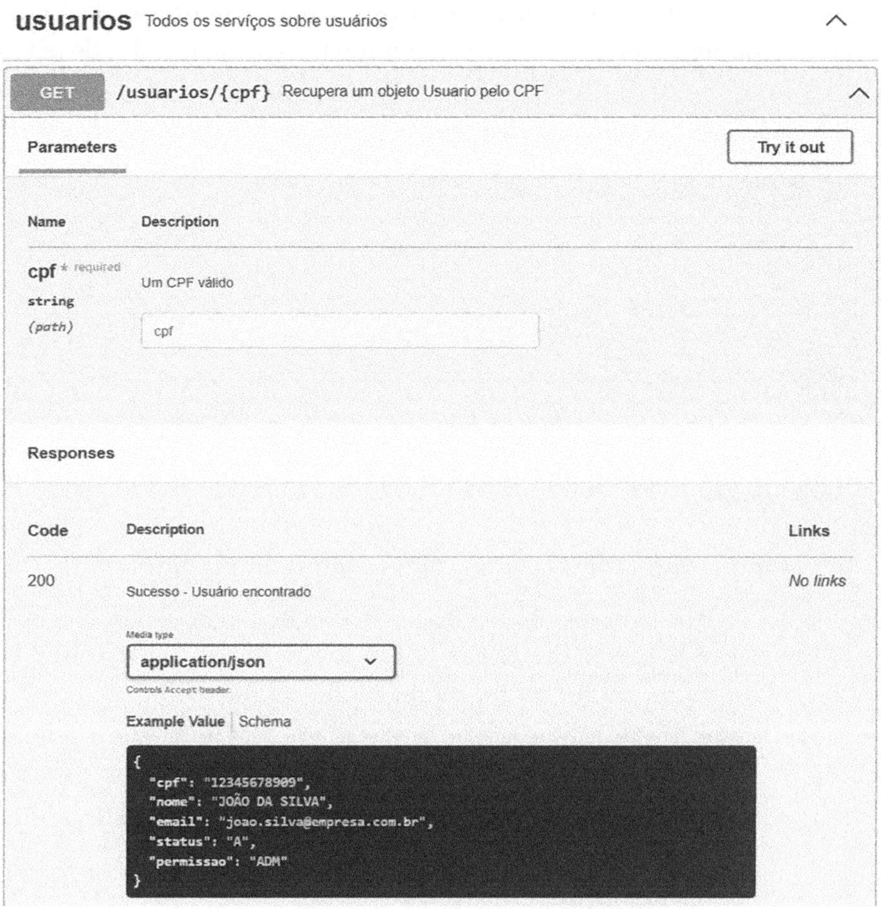

Figura 14.4. Documentação do exemplo da requisição.
Fonte: elaborado pelos autores.

Se, contudo, isso não for documentado, o desenvolvedor cliente só vai descobrir essa resposta alternativa quando já estiver codificado ou, dependendo da senioridade, no momento dos testes. Perde-se tempo, assim, retornando para a codificação, com o intuito de mapear um objeto que não está documentado. O desenvolvedor terá que fazer uma chamada em algum sistema, como o *Postman*, e observar qual objeto que retorna, para depois codificar.

Uma API bem documentada deve apresentar TODAS as respostas possíveis. Não apenas o "caminho feliz". Nesse caso, esse recurso possuía, no mínimo, uma resposta de sucesso, com o objeto **Usuario**; uma resposta de *bad request*, caso não passe um CPF válido; uma resposta do tipo 404, caso o CPF seja válido, mas não exista na base de dados; e uma resposta do tipo 500, pois é possível ocorrer algum erro não mapeado e o cliente precisa ser notificado disso. Sendo assim, a documentação da API precisa ter a aparência da Figura 14.5, para contemplar todas as possibilidades de respostas:

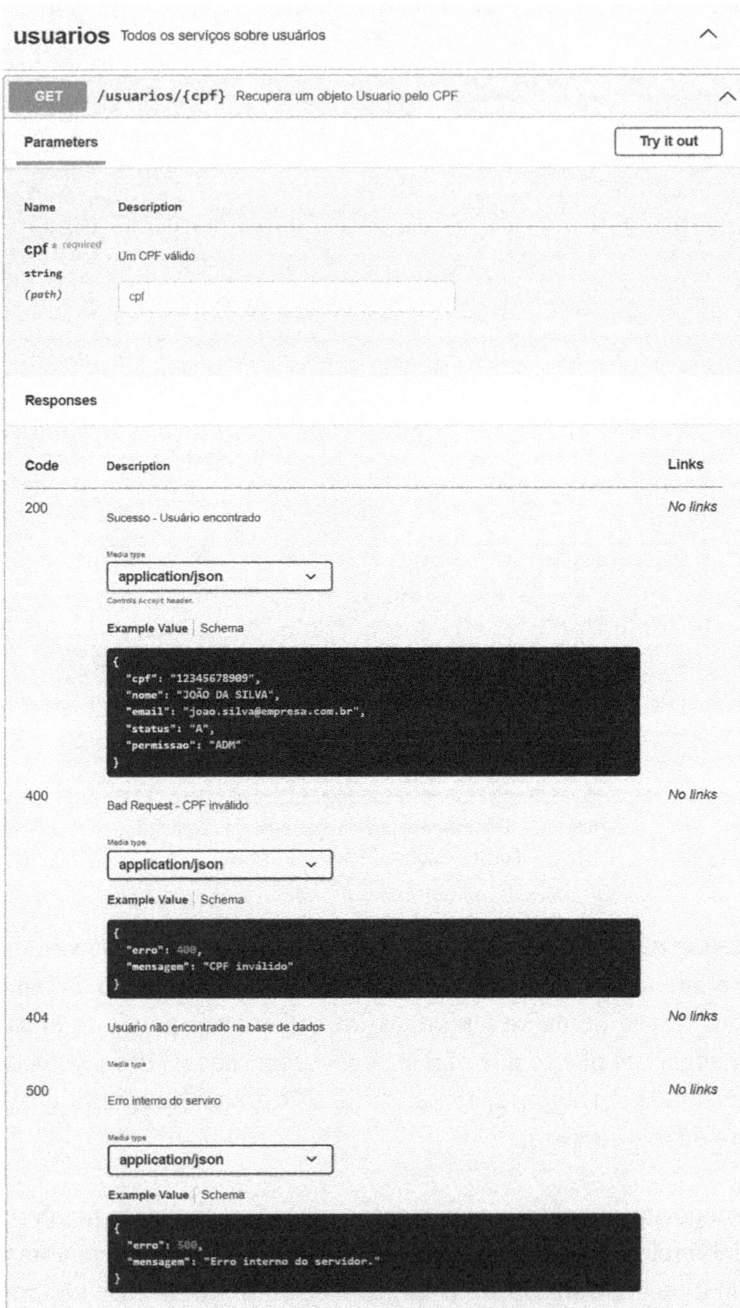

Figura 14.5. Documentação completa.
Fonte: os autores.

Agora a API está devidamente documentada com todas as informações necessárias para consumo. O cliente poderá mapear os tipos de erros que podem ocorrer na chamada à API, bem como, se desejar, criar os objetos de respostas para as chamadas diferentes do sucesso – com atenção para o erro 404, onde não há necessidade de retornar nenhum objeto e, por isso, não consta exemplo para ele.

Esse é um modelo simples de como documentar uma API também simples. Ao considerar uma URI que realiza o *POST*, deve-se pensar também em um exemplo de requisição, para demonstrar a aparência do objeto de *request*. Ao mesmo tempo, os campos obrigatórios não devem ser esquecidos. A importância dos exemplos em requisição e em respostas, nas documentações de API, foi estudada e confirmada por S. M. Sohan, Frank Maurer, Craig Anslow e Martin P. Robillard, em um artigo publicado em 2017. Eles concluíram:

> *Sem exemplos, os desenvolvedores clientes da REST API têm problemas para usar os tipos de dados corretos, os formatos de dados corretos, os cabeçalhos HTTP necessários e o corpo da solicitação. Também apresentamos evidências empíricas de que, ao adicionar exemplos de uso, é possível reduzir erros, melhorar a taxa de sucesso e a satisfação do desenvolvedor ao usar a API. (SOHAN et al., 2017, p. 60 – tradução própria)*

Ao realizar um resumo do que uma boa documentação precisa ter, é necessário revisar as listas já apontadas: sintaxe, descrição, parâmetros, dados de retorno, status/mensagens de erro, exemplos de requisição e exemplos de resposta. Tudo isso está contemplado na documentação citada e deve ser replicado para cada URI fornecida. Ter em mente que a documentação faz parte do produto a ser entregue certamente contribuirá para uma cultura de documentação visando o cliente. Isso melhora a qualidade do produto entregue – que, de forma alguma, deve se limitar à codificação e ao correto uso dos métodos HTTP e das respostas. Tudo isso faz parte de um bom produto. Sem uma documentação apropriada, essa qualidade do bom produto está diminuída. Boa codificação, associada a uma boa documentação, é o que torna um bom produto entregue.

15. Testes de API

Ana Paula Maroubo
Kalisia Autuori

1. O que são testes de API

Os testes de API têm se tornado cada vez mais populares na comunidade de qualidade de software, além de serem muito apreciados e requisitados pelo time de desenvolvimento como um todo. E não é para menos, já que esse tipo de teste verifica essa camada muito importante do software e é capaz de prever erros que só seriam vistos em etapas mais avançadas do desenvolvimento. Mas, afinal, o que os testes de API validam? Por engano, muitas pessoas acham que os testes de API funcionam apenas enviando requisições e recebendo respostas, e isso está longe de ser verdade. Eles são muito mais completos e complexos e também se dividem em testes funcionais e não funcionais, especificidades sobre as quais falaremos mais à frente.

De forma resumida, é possível dizer que os testes de API verificam se as APIs desenvolvidas estão de acordo com as funcionalidades, com a estrutura adotada, se são confiáveis, se estão com bom desempenho e se são seguras. Perceba, então, que apenas enviar requisições e receber respostas não possibilita essas validações.

Antes de tudo, é necessário esclarecer alguns conceitos. Diferentemente de testar uma aplicação gráfica, onde se tem um senso natural de como devem funcionar as coisas, já que existem elementos como botão, barra de rolagem, entre outros, quando o assunto é interface de programação, outras características e formas de operação são levadas em consideração, como *header*, *body*, parâmetros (via *query*, via *path*, via *header authentication*, via *body*), métodos e autenticação. Portanto, é necessário que os testes atendam a essas características.

2. A importância dos testes de API

Assim como todos os outros tipos de testes, eles também são essenciais nas entregas de software com qualidade. E sua importância se dá justamente ao nos propiciar um entendimento claro acerca do funcionamento das aplicações que são testadas, principalmente no *background*. Como já diz o ditado, "conhecimento é poder". Essa bagagem de conhecimento sobre o que é testado permite fazer validações e verificações mais objetivas, garantindo melhores entregas, já que, com essa visão, os testes serão planejados com mais segurança.

Agora, falando puramente do teste de API e de suas contribuições quando, por exemplo, um erro é encontrado em um modelo de arquitetura, ele com certeza custará bem menos, visto que a correção poderá ser feita com antecedência, ou seja, antes que se possa ir para as próximas etapas do desenvolvimento.

Como se vê, os testes com API trazem maior segurança e agilidade, conferindo também maior garantia na qualidade das validações rotineiras do software. Por meio desses testes é possível ter a certificação das comunicações com outros softwares, aplicativos ou banco de dados.

3. Planejamento e estratégia de testes de API

> *Todo software que você criar será testado – se não por você e sua equipe, pelos eventuais usuários – portanto, melhor planejar um teste integral. (THOMAS; HUNT, 2010)*

É de suma importância que a primeira coisa que seja levada em consideração no início do planejamento e da criação da estratégia de testes seja entender em que contexto essa API está funcionando e ao que está servindo. É uma API que atende à empresa internamente ou também externamente? Se atende externamente, por exemplo, é preciso pensar em testes de segurança e autenticação de usuário.

Munido dessas informações, há duas formas de iniciar os testes. Quando recebermos essa API, podemos começar a testar de forma aleatória, utilizando o conhecimento empírico e a experiência sobre o sistema a ser testado – o que pode funcionar até certo ponto. Porém, a chance de deixarmos passar testes que seriam importantes é muito grande. Então, o recomendado, e assim é para todos os tipos de testes, é construir uma estratégia. E o que é preciso para a criação dessa estratégia? Uma documentação com todas as informações de como essa API funciona e o que se espera dela.

Os times de desenvolvimento, diversas vezes, não conseguem atuar com uma documentação completa em suas *features*, principalmente pensando em comportamentos de exceções. Como dizia Dave Thomas e Andrew Hunt em "O Programador Pragmático" (2010), "o erro está em assumir que qualquer decisão é irrevogável – e em não se preparar para as contingências que podem ocorrer". E, nesse caso, é necessário investir na comunicação com o PO/PM ou com quem quer que seja que detenha o conhecimento de regras para aquele sistema, a fim de fazer um mapeamento com o máximo de fluxos possível. Seguirá aqui um exemplo para representar o que foi descrito.

Suponha que foi entregue uma API com um *endpoint* de autorização de usuários, mas a documentação não tem todas as regras de negócios e exceções. O responsável por validar essa API precisa se munir do máximo de informações que puder para garantir uma boa cobertura de testes desse *endpoint*. Então, vai até as pessoas responsáveis por essa API e captura o máximo de informações de comportamento que puder para desenvolver o planejamento e a estratégia de testes.

Bem, agora que ele já tem as informações necessárias, é hora de iniciar o planejamento e a elaboração da estratégia de testes para essa API. É importante ressaltar que, para cada teste que escolher executar em uma API, é importante possuir uma fundamentação teórica do porquê escolheu testar aquilo e daquela maneira. Por exemplo, o *endpoint* de agendamento de aulas precisa ser testado. Para esses testes, a técnica escolhida foi a de partição de equivalência, um teste funcional, onde as entradas do usuário são divididas em partições e são determinadas as faixas em valores possíveis. Para esse teste podemos verificar valores válidos e inválidos. Veja exemplos nas imagens a seguir, onde estamos utilizando a partição de equivalência para credenciais do usuário e para agendamento de aulas.

Na Figura 15.1 vemos os testes para credenciais de usuário utilizando a técnica de partição de equivalência com valores válidos e inválidos:

Figura 15.1. Detalhes do agendamento de aulas de reforço.
Fonte: autora Ana Paula Maroubo.

Na Figura 15.2, também utilizamos a técnica de partição de equivalência, agora para testar as aulas agendadas:

Figura 15.2. Detalhes do agendamento de aulas de reforço – partição de equivalência.
Fonte: autora Ana Paula Maroubo.

Agora que temos as entradas divididas em partições, podemos fazer uma permutação, que seria realizar a combinação de todas as entradas. Veja na Figura 15.3:

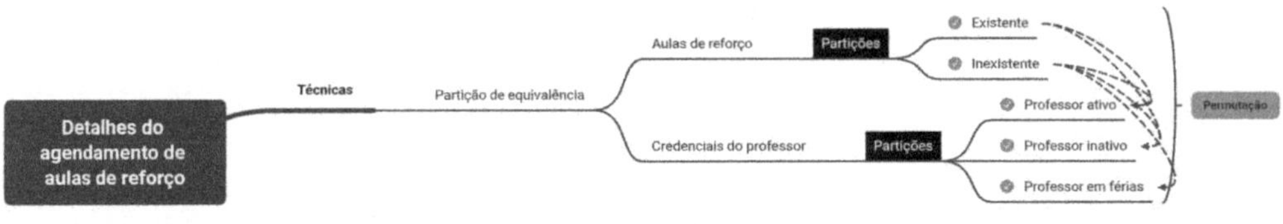

Figura 15.3. Permutação.
Fonte: autora Ana Paula Maroubo.

Para esse *endpoint* já temos pelo menos seis testes a serem realizados. Por isso é muito importante que os testes sejam planejados antes de começar.

Da mesma maneira que construímos esses testes, construiremos a nossa estratégia completa de testes para essa API. Existem várias formas de montar uma estratégia, mas aqui, especificamente, vamos demonstrar uma estratégia criada com uma ferramenta de mapa mental, que nos permite visualizar de forma gráfica tudo que queremos realizar nos testes dessa API. Veja na Figura 15.4:

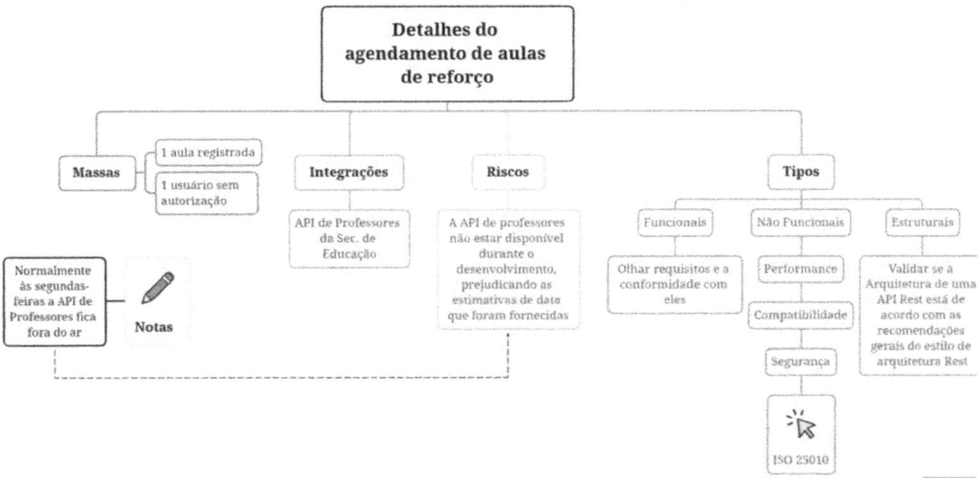

Figura 15.4. Detalhes do agendamento de aulas de reforço – estratégia de testes.
Fonte: adaptado de Lima (2021).

Como dito anteriormente, todas as escolhas feitas para a estratégia de testes devem estar de acordo com o contexto em que a API vai rodar e com as *stacks* utilizadas por quem irá executar esses testes. O mais importante é a razão pela qual o teste será usado.

4. Ferramentas e testes de API

Para realização dos testes, é necessária a utilização de uma ou mais ferramentas, já que os testes são feitos em uma camada que não é a de interface gráfica. Ou seja, as informações testadas são as que um determinado serviço quer expor, sem necessariamente ter um *frontend* desenvolvido.

Uma ferramenta muito comum usada em testes de API é o Postman. Com o Postman, temos a facilidade de uso por ter uma interface gráfica e conseguimos salvar requisições, agrupá-las, criar parâmetros, entre outras coisas (NOGUEIRA, 2020). Veja como funciona na Figura 15.5.

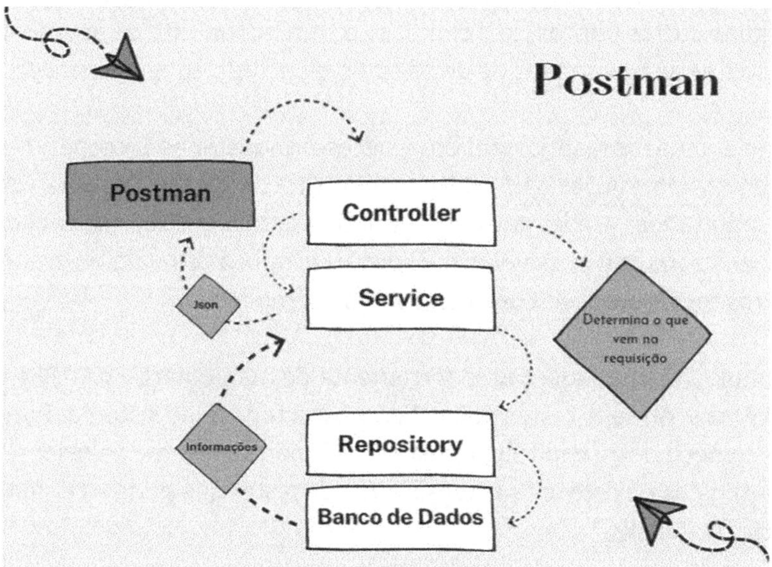

Figura 15.5. Postman.
Fonte: autora Ana Paula Maroubo.

O Postman acessa o *Controller* da API, onde estão as definições do que tem na requisição, o *Service*, que é onde estão as regras de negócios e o *Repository*, que, por sua vez, interage com o banco de dados, que devolve as informações para o *Service*, que as envia de volta para o *Controller* e o controlador (Postman) converte a resposta em um JSON. Aqui é importante dizer que toda resposta de uma requisição vem em formato JSON, que se trata de uma representação textual dos dados. A seguir, um exemplo de uma estrutura JSON:

```
{
    "data": {
        "id": 1,
        "localDeDestino": "Bauru",
        "dataPartida": "2022-04-19",
        "dataRetorno": "2022-05-19",
        "acompanhante": "Lulu",
        "regiao": "Norte"
    },
    "errors": []
}
```

Além de validar as informações que a requisição está trazendo, também é preciso analisar alguns outros pontos, tais como: se o *status code* está de acordo com a documentação e se as mensagens de erros estão de acordo com o esperado.

Assim como em outros testes, também é necessário testar as exceções. Nesse caso, é possível enviar requisições com usuários não autorizados ou com diversos usuários de forma simultânea. Ainda, parâmetros não listados na documentação também podem ser enviados, e é possível incluir outros atributos ou valores grandes, entre tantos outros testes para ver como essa API se comporta.

Nesse exemplo, falamos sobre uma ferramenta de manipulação de API e de alguns testes funcionais, ou seja, testes que validam uma função do sistema. Porém, como foi dito no começo deste capítulo, o teste de API não se resume a enviar requisições e receber respostas – existe uma extensa gama de testes que podem ser feitos, como, por exemplo, testes de:

1. **Performance.** Estes podem ser divididos em:
    a) **Carga** – Testa como a API funciona em cargas normais de trabalho, ou seja, de acordo com a expectativa de usuários predefinidos.
    b) **Estresse** – Testa uma carga maior do que a esperada. Nesse caso, a gente vai aumentando gradativamente a carga.
    c) **Pico ou *spike*** – Testa uma grande quantidade de requisições para ver como a API se comporta em um pico de demanda.
    d) ***Endurance*** – Testa como a API se comporta por um longo período sem ser desligada, ou seja, rodando por vários dias ou meses.
2. **Estrutura.** Valida se a estrutura de resposta JSON está em conformidade.
3. **Segurança.** Valida se a API pode ter alguma vulnerabilidade.

4. **Compatibilidade.** "é o grau em que um produto, sistema ou componente pode trocar informações com outros produtos, sistemas ou componentes, e/ou realizar as suas funções necessárias, ao compartilhar o mesmo ambiente de hardware ou software" (INTERNATIONAL ORGANIZATION FOR STANDARDIZATION, 2011). O teste de compatibilidade pode ser feito com o Swagger-diff de uma forma bem simples: usando o comando **swagger-diff**, é possível ver quais as alterações que a API sofreu.

Antes de falar sobre testes automatizados, como dizia Elias Nogueira (2020), "em qualquer ação de automatizar uma funcionalidade é imprescindível que tenhamos executado a ação/funcionalidade ao menos uma vez de forma manual, a fim de entender o que deve ser automatizado e garantir que aquele fluxo não possua *bug*". Daí a importância de saber manipular uma API de forma manual antes de partir para a automação.

Agora sim, falando sobre testes automatizados de API, também podemos citar algumas ferramentas comuns usadas, tais como *REST Assured*, para automatizar APIs REST com Java, e *HTTP party*, para testes em Ruby. No caso de automação de testes de API, precisamos levar em consideração quais informações são mais importantes e cenários mais relevantes, pois, como estamos olhando para um sistema no qual existem *N* possibilidades de testes, temos que mensurar o que realmente é essencial para se manter em automação. Lembrando que quanto mais testes você automatizar, mais manutenção você terá para fazer. Então é preciso ser analítico e crítico na hora de escolher cenários para automatizar os testes de API. Outro ponto essencial na hora de automatizar testes de API é a questão da documentação, pois é necessário que ela exista para que os testes sejam escritos de forma coerente e em conformidade. Será demonstrado o Swagger, que possui a documentação da API com a qual estamos interagindo. Nele temos todas as informações necessárias para a escrita dos testes. Veja na Figura 15.6:

Figura 15.6. API REST de serviços do Portal Nacional de Contratações Públicas (PNCP) da União. Fonte: <https://pncp.gov.br/api/pncp/swagger-ui/index.html?configUrl=/pncp-api/v3/api-docs/swagger-config>.

A partir dessas informações, é possível escrever testes automáticos. Observe um exemplo de testes com JUnit:

```
@Test
Public void testInserirContrato(){
//Preparo os dados da requisição
//Envio a requisição
//Recebo a response do servidor
//Valido se a response está em conformidade
```

Nessa API, por exemplo, existem muitos métodos e é possível criar centenas de testes a partir disso. No entanto, como dito anteriormente, é necessário ter cautela e critérios bem estabelecidos para que a automação possa realmente ajudar, e não se tornar um problema posteriormente.

Os testes de API estão em alta e ganham cada vez mais espaço nos times de desenvolvimento. E não é para menos, tendo em vista as inúmeras possibilidades que existem para explorá-los, garantindo cada vez mais melhores entregas. O planejamento e a estratégia dos testes com ajuda das ferramentas de API, desde o início da idealização e criação do projeto, são de grande importância para a equipe de qualidade de software, assegurando menos erros futuros.

Entretanto, é importante ressaltar que o teste de API é apenas um dos inúmeros tipos de testes que há no segmento de qualidade de software, e que ele é igualmente relevante em comparação com os outros. Seu objetivo, do mesmo modo, é complementar toda uma estratégia de qualidade. Ou seja, não deve ser visto como o "salvador da pátria" nem como melhor que os outros já existentes. Fica a reflexão e a sugestão para que você possa conhecer e aprofundar mais o assunto, sempre pensando no macro e nos impactos e benefícios que isso pode trazer para o todo.

16. Segurança

Cleyde Andrade
Dorival Querino

Todos os anos as estatísticas mostram com mais preocupação o crescimento no número de incidentes de segurança. Os ataques são crescentes e cada vez mais sofisticados, exigindo do desenvolvedor de APIs um cuidado cada vez maior com o aspecto da segurança.

Proteção de dados em trânsito: HTTPS, SSL e TLS

Segundo o relatório da empresa Salt Security de 2022 (SALT LABS, 2022), o tráfego de consumo de APIs por clientes cresceu 168% no período entre julho de 2021 a julho de 2022 – e, consequentemente os ataques a APIs cresceram 117% comparados ao último ano. Além disso, com a Lei Geral de Proteção de Dados (LGPD), as empresas precisam proteger e manter as informações de dados de negócio em sigilo, realizando ações para impedir a violação desses dados. Uma das ações a serem adotadas é a proteção de tráfego. É importante que as aplicações sejam criptografadas e autenticadas para o uso correto. O uso de credenciais ajuda os usuários e suas ações, permitindo redefinição de senhas para acessos personalizados, para estabelecer controle de tráfego e utilizar um *gateway* de API que permite autenticar o tráfego, bem como analisar e controlar o uso de APIs. O protocolo TLS, criado em 1999, é utilizado para criptografar dados e assinaturas individuais – isso garantirá que somente usuários autorizados possam descriptografar e modificar os dados, evitando invasões e fraudes.

SSL

A *web*, nos seus primórdios, foi usada somente para distribuir páginas estáticas. Com o desenvolvimento de aplicações financeiras, surgiu uma demanda por aplicações mais seguras. Em 1994, a Netscape Communications Corp., líder de mercado em *browsers* na época, respondeu a essa demanda e introduziu um pacote de segurança, o SSL (*Secure Socket Layer*) (SHOSTACK, 1995).

O SSL é um padrão na transmissão segura de informação via internet e permite criptografar os dados que são transmitimos através de uma comunicação entre cliente e servidor (SIRIWARDENA, 2019). Pode-se também mencionar que se trata de um protocolo, ou seja, o SSL descreve como os algoritmos de encriptação devem ser usados, certificados etc. Tem como principal função providenciar uma transmissão segura na internet, através da encriptação dos pacotes entre o servidor e o cliente.

O SSL constrói uma conexão segura entre dois soquetes, incluindo:

1. negociação de parâmetros entre cliente e servidor;
2. autenticação mútua de cliente e servidor;
3. comunicação secreta;
4. proteção e integridade de dados.

O SSL foi implementado como uma camada entre a camada de aplicação e a camada de transporte. Aceita solicitações do navegador e as envia ao TCP para transmissão ao servidor. Depois que a transmissão segura é estabelecida, a principal tarefa é a compactação e a criptografia dos dados. Quando o HTTP é usado sobre o SSL ele se denomina HTTPS (*HTTP Secure*) e pode estar disponível na porta 443.

O SSL/TLS sofreu várias alterações ao longo do tempo, como se pode verificar através da Figura 16.1.

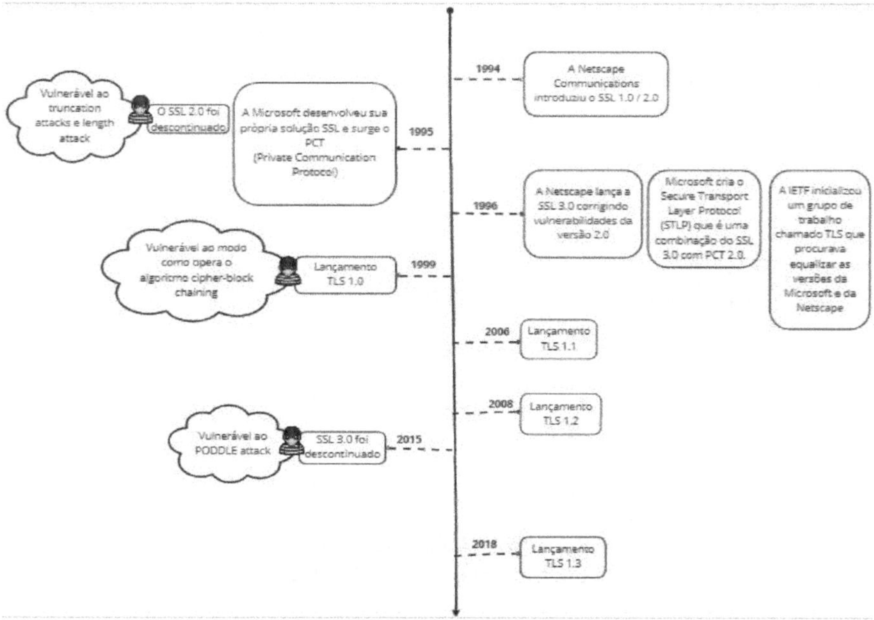

Figura 16.1. Alterações SSL/TLS.
Fonte: a autora.

Somente a versão SSL 2.0 (GOLDBERG; WAGNER, 1996) foi aceita pelo mercado, pois as anteriores teriam muitas falhas de segurança. Quando estava estável, a Microsoft respondeu criando sua própria variante de SSL e denominou de *Private Communication Technology* (PCT). O PCT consertou várias vulnerabilidades do SSL 2.0, então a Netscape resolveu refazer o SSL do zero e lançou a versão 3.0, totalmente incompatível com a versão 2.0, usando novas versões de criptografias MD5 e SHA-1 e corrigindo problemas de seu predecessor. Em 1996 a Microsoft mesclou a versão 3.0 do SSL com o PCT 2.0 e criou um novo padrão STLP (*Secure Transport Layer Protocol*).

TLS (*Transportation Layer Security*)

Também em 1996, a Netscape submeteu o SSL à IETF (*Internet Engineering Task Force*) para padronização, e assim nasceu o TLS para padronizar todas as implementações específicas do fornecedor. Todos os principais fornecedores, incluindo Netscape e Microsoft, se reuniram sob a presidência de Bruce Schneier em uma série de reuniões da IETF para decidir o futuro do TLS. Nasceu o TLS 1.0 em janeiro de 1999: era bastante estável e permaneceu inalterado por sete anos, até 2006. Em abril de 2006, foi introduzido o TLS 1.1, com poucas alterações importantes no 1.0. Dois anos depois surgiu o TLS 1.2. Em 2018 introduziu-se o TLS 1.3. Um dos maiores benefícios é que o 1.3 é mais rápido com o *handshake* simplificado. Além disso, foram sanadas as falhas de segurança do TLS 1.2.

TLS é o sucessor do SSL e está representado na camada 4 do modelo OSI, conforme Figura 16.2.

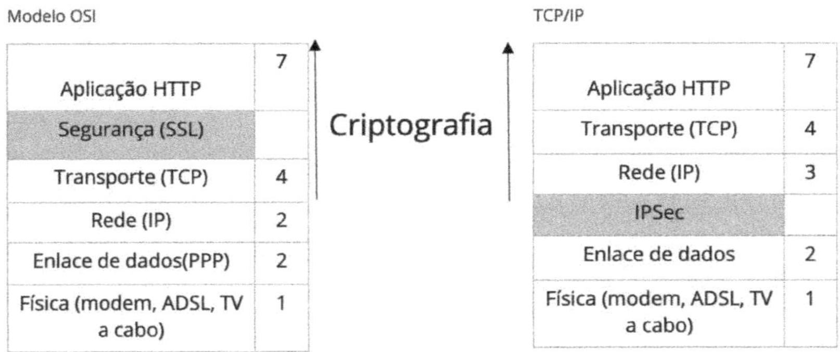

Figura 16.2. Modelo OSI/TCP-IP.
Fonte: adaptado de Syme; Goldie (2004).

O protocolo SSL/TLS pode ser dividido em duas camadas: a primeira é a camada do protocolo *Handshake* e a segunda é a camada de protocolo de *Record*. A Figura 16.3 ilustra as várias camadas e seus componentes.

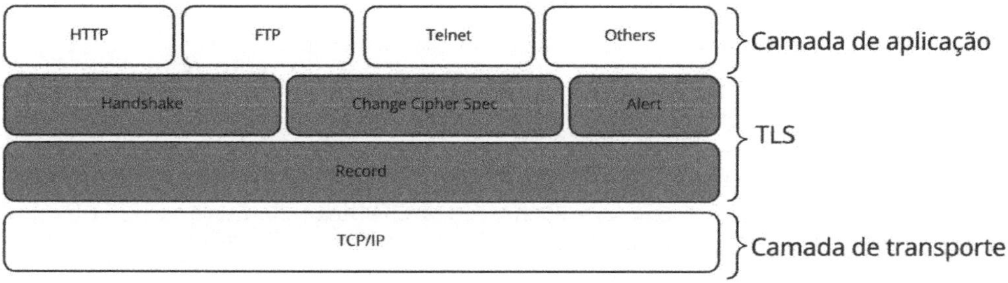

Figura 16.3. SSL/TLS – camadas de protocolo.
Fonte: a autora.

A camada de *Handshake* consiste em três subprotocolos:

- ✓ ***Handshake*** – Usado para negociar informações de sessão entre o cliente e o servidor. As informações da sessão consistem em um ID de sessão, certificados de *peer*, a especificação de cifra a ser usada, o algoritmo de compactação a ser usado e um segredo compartilhado usado para gerar chaves.
- ✓ ***Change Cipher Spec*** – Altera o material de chave usado para criptografia entre o cliente e o servidor. O material de chaveamento são dados brutos usados para criar chaves para uso criptográfico. O subprotocolo *Change Cipher Spec* consiste em uma única mensagem para informar a outra parte, que também é conhecida como *peer*, que o remetente deseja mudar para um novo conjunto de chaves. A chave é calculada a partir das informações trocadas pelo subprotocolo *Handshake*.

O comando a seguir simula o *handshake* em SSL/TLS.

```
curl -v https://www.google.com
*   Trying 142.250.79.36...
* TCP_NODELAY set
* Connected to www.google.com (142.250.79.36) port 443 (#0)
* ALPN, offering h2
* ALPN, offering http/1.1
* successfully set certificate verify locations:
*   CAfile: /etc/ssl/cert.pem
  CApath: none
```

```
* TLSv1.2 (OUT), TLS handshake, Client hello (1):
* TLSv1.2 (IN), TLS handshake, Server hello (2):
* TLSv1.2 (IN), TLS handshake, Certificate (11):
* TLSv1.2 (IN), TLS handshake, Server key exchange (12):
* TLSv1.2 (IN), TLS handshake, Server finished (14):
* TLSv1.2 (OUT), TLS handshake, Client key exchange (16):
* TLSv1.2 (OUT), TLS change cipher, Change cipher spec (1):
* TLSv1.2 (OUT), TLS handshake, Finished (20):
* TLSv1.2 (IN), TLS change cipher, Change cipher spec (1):
* TLSv1.2 (IN), TLS handshake, Finished (20):
* SSL connection using TLSv1.2 / ECDHE-ECDSA-CHACHA20-POLY1305
* ALPN, server accepted to use h2
* Server certificate:
*  subject: CN=www.google.com
*  start date: Nov  1 03:19:36 2021 GMT
*  expire date: Jan 24 03:19:35 2022 GMT
*  subjectAltName: host "www.google.com" matched cert's "www.google.com"
*  issuer: C=US; O=Google Trust Services LLC; CN=GTS CA 1C3
*  SSL certificate verify ok.
```

- ✓ ***Cipher Suite*** – É uma combinação de nomes entre algoritmos de autenticação, encriptação, MAC e de trocas de chaves, usados para a negociação em uma conexão sobre o protocolo TLS. Ex.: TLS_ECDHE-ECDSA-CHACHA20--POLY1305, em que:
  - **ECDHE_ECDSA** – Algoritmo para troca de chaves, usado para determinar como o cliente e o servidor serão autenticados durante o *handshake*. É um algoritmo de assinatura digital elíptico, sendo utilizado em dispositivos móveis e *blockchain* (rede de *bitcoins*), por exemplo.
  - **CHACHA20-POLY1305** – Retrata um algoritmo de criptografia. Sua função é encriptar a *cipher message stream*. E POLY1305 é um código de autenticação de mensagem criptográfica (MAC) criado por Daniel J. Bernstein. Ele pode ser usado para verificar a integridade dos dados e a autenticidade de uma mensagem. É sempre usado em conjunto com CHACHA20.
- ✓ ***Alert*** – As mensagens de alerta são usadas para indicar uma mudança no status ou uma condição de erro para o *peer*. Há uma grande variedade de alertas para notificar o *peer* de condições normais e de erro. Uma lista completa pode ser encontrada em RFC 2246, "The TLS Protocol Version 1.0" (RFC EDITOR, 1999). Os alertas são normalmente enviados quando a conexão é fechada, uma mensagem inválida é recebida, uma mensagem não pode ser descriptografada ou o usuário cancela a operação.

O *handshake* permite que o servidor se autentique com o cliente usando a chave pública. Em seguida, permite que o cliente e servidor cooperem na criação das chaves simétricas utilizadas para uma rápida encriptação, desencriptação e detecção de intrusos durante a sessão. Antes de haver troca de dados entre o cliente e servidor é necessário negociar o canal criptográfico a usar. O cliente deve concordar com a versão do protocolo SSL/TLS, escolher a *cipher suite* e validar os certificados, se necessário. Cada uma dessas etapas requer um novo pacote de dados, o que aumenta o tempo de resposta na inicialização de todas as ligações através do SSL/TLS.

Certificados digitais

A principal função de um certificado é vincular uma chave pública ao nome de um protagonista (indivíduo, empresa etc.). Os certificados em si não são secretos ou protegidos – por exemplo, a empresa X poderia decidir colocar seu certificado em seu site com um *link* para a página principal, informando: clique aqui para ver o novo certificado de chave pública. O clique resultante retornaria o certificado e o bloco de assinatura (o *hash* SHA-1 assinado do certificado).

17. Autenticação e autorização

Monique Campello
Dorival Querino

Autenticar significa validar se a origem de uma solicitação pode ser confirmada (GOUGH; BRYANT; AUBURN, 2022), por meio de fatos, como sendo da origem declarada. Alguns fatos utilizados para autenticação são:

- ✓ **Algo que só a origem correta SABE:** uma senha; uma resposta a uma pergunta secreta previamente cadastrada (CAIRNS; SOMERFIELD, 2017).
- ✓ **Algo que só a origem correta TEM:** um *pendrive* que gere um *token*; um celular que gere um código de validação.
- ✓ **Algo que só a origem correta É:** impressão digital; reconhecimento facial.

Mecanismo de autenticação em APIs

Sem autenticação, qualquer aplicação (origem não identificável) pode consumir os controles disponíveis na API, se conhecer o endereço a ser utilizado.

Exemplo: <https://api.chucknorris.io/jokes/random>.

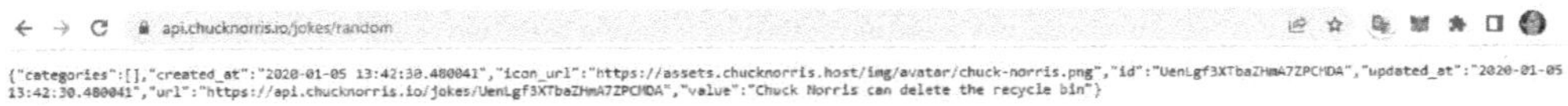

Figura 17.1. Consumindo API que não requer autenticação.
Fonte: os autores.

Basta inserir o endereço no navegador, sem fornecer usuário e senha ou qualquer outra forma de verificação da sua identificação, e mesmo assim será possível obter respostas dessa API do exemplo, que sorteia piadas sobre o Chuck Norris e oferece como resposta.

Mas todos os tipos de dados deveriam estar disponíveis independentemente da origem da solicitação? A seguir, alguns tipos de dados a serem levados em consideração:

- ✓ **Dados pessoais:** temos a proteção de dados pessoais prevista na LGPD.

> *A Lei Geral de Proteção de Dados Pessoais (LGPD), Lei nº 13.709, de 14 de agosto de 2018, dispõe sobre o tratamento de dados pessoais, inclusive nos meios digitais, por pessoa natural ou por pessoa jurídica de direito público ou privado, com o objetivo de proteger os direitos fundamentais de liberdade e de privacidade e o livre desenvolvimento da personalidade da pessoa natural. (BRASIL, 2018)*

- ✓ **Dados de valor financeiro:** clientes contratantes, clientes prospectos, aquisições, fusões, investimentos etc., que podem afetar decisões no mercado financeiro.
- ✓ **Dados de valor técnico:** qualquer dado que descreve a infraestrutura e as aplicações internas da empresa que podem ser usados em "hackeamentos".

Se uma API não fará uso de dados confidenciais, mesmo assim ela precisaria de autenticação? Para responder a esse questionamento, precisamos refletir sobre outras questões relacionadas à segurança de dados.

- ✓ Sua API fará uso de dados de uma base que contém dados confidenciais, mesmo que sua aplicação não faça uso deles?
- ✓ Sua API está protegida contra ataques de injeção (quando um comando malicioso é enviado como parte de uma consulta (OWASP, s.d.))? Isso permite tanto manipular a consulta quanto executar comando no servidor, como é o caso do *SQL Injection*, por exemplo.
- ✓ Sua aplicação recebe algum arquivo? Se sim, está protegida contra a execução maliciosa de arquivos? Essa execução maliciosa ocorre principalmente quando o desenvolvedor concatena dados de entrada em funções de *streams* de arquivos (OWASP, s.d.).

Essas são só algumas perguntas a serem feitas sobre sua API na hora de decidir ter ou não autenticação. Claro que apenas ter autenticação não o protegerá de todas as falhas de segurança possíveis, mas será o primeiro passo para proteger seus dados, visto que um acesso mal-intencionado preferirá não se identificar.

É importante observar também as recomendações da OWASP sobre autenticação (OWASP, 2017), como: implementar autenticação multifator sempre que couber (MICROSOFT, s.d.), evitar senhas fracas, limitar número máximo de tentativas etc.

Como implementar autenticação em APIs

Existem vários tipos de autenticação possíveis, cada qual com suas vantagens e desvantagens. São alguns exemplos de tipos de autenticação:

- ✓ *API Key*
- ✓ *Bearer Token*
- ✓ *Basic auth*
- ✓ *Digest Auth*
- ✓ *OAuth* 1.0
- ✓ *OAuth* 2.0
- ✓ *Hawk Authentication*
- ✓ *AWS Signature*
- ✓ *NTLM Authentication*
- ✓ *Akamai EdgeGrid*

Basic Auth

Para exemplificar o uso de autenticação, neste capítulo entraremos em mais detalhes em um dos tipos listados: *Basic Auth*. É um dos tipos mais simples de entendimento e implementação. Fornecemos apenas um nome de identificação e uma senha para conferir a origem do acesso. Nunca deve ser exposta em público sem uma conexão HTTPS, pois as credenciais trafegam com codificação *Base64*, que, quando trafegam com HTTP puro, são altamente triviais de serem interceptadas e decodificadas. O nome precisa ser único, sem homônimos, portanto um nome próprio não serviria. Exemplo: quantos João da Silva podem ser encontrados? Em geral, é utilizado o e-mail como nome de identificação, mas é possível usar qualquer texto, basta que, ao cadastrar, o nome tenha sido conferido na base de dados e este não tenha sido antes utilizado por ninguém. A senha, conforme dito anteriormente, é algo que o solicitante sabe e que será usada para validar se ele é o solicitante declarado no nome de identificação. Se ela for muito curta ou simples demais, outra pessoa poderá adivinhar e deixará de ser um segredo, então a garantia da origem do acesso estará comprometida. Assim, alguns cadastros de usuários impõem regras a fim de aumentar a dificuldade da senha ser descoberta. São exemplos de regras para criação de senha: quantidade mínima de letras, utilização de pelo menos uma letra maiúscula/minúscula, utilização de pelo menos um número etc. Uma vez que o cadastro do usuário foi feito previamente, ele será validado durante a autenticação do acesso à API. Para isso, no *header* da requisição é adicionado um campo nomeado "authentication", onde consta a palavra *BASIC* seguido de um texto codificado em *base64*. Este texto contém o nome de autenticação seguido do caractere ":" e a senha.

Exemplo: meuemailaqui@provedor.com:minhasenhasecretaEh1

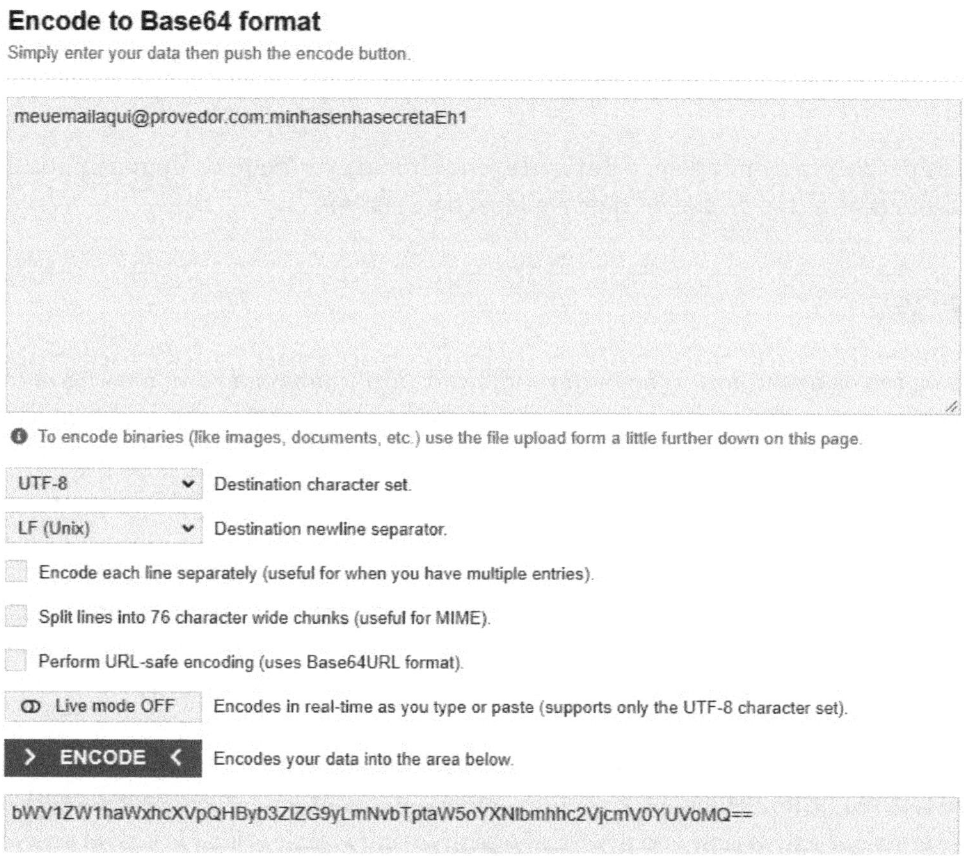

Figura 17.2. Encriptação em *base64*.
Fonte: os autores.

Assim, o *authentication* no *header* da requisição receberia o seguinte conteúdo:

```
BASIC bWV1ZW1haWxhcXVpQHByb3ZlZG9yLmNvbTptaW5oYXNlbmhhc2VjcmV0YUVoMQ==
```

São desvantagens no uso da autenticação básica:

- ✓ As credenciais do usuário são enviadas na solicitação.
- ✓ As credenciais são enviadas como texto não criptografado.
- ✓ As credenciais são enviadas com cada solicitação.

- ✓ Nenhuma maneira de fazer *logoff*, exceto encerrando a sessão do navegador.
- ✓ Vulnerável a CSRF (solicitação entre sites forjada); requer medidas antiCSRF.

São vantagens no uso da autenticação básica:

- ✓ Padrão da internet.
- ✓ Com suporte de todos os principais navegadores.
- ✓ Protocolo relativamente simples.

Considerando as vantagens e desvantagens citadas, verifique os demais tipos de autenticação antes de decidir qual é o ideal para sua API.

API Key

É uma forma de autenticação bem simplificada, utilizada para comunicação entre sistemas. O servidor gera uma chave aleatória, que é fornecida e conhecida apenas pela aplicação cliente. A aplicação enviará essa chave em cada requisição. Embora existam *players* do mercado que permitem enviar essa chave até na própria URL, o mais comum é enviá-la em um *header* customizado.

Um ponto de atenção é que essa chave precisa ser gerada de forma aleatória, não pode ser uma palavra que possa ser adivinhada, além de ser recomendado que tenha um prazo de validade.

Uma das principais vantagens desse modelo é simplicidade, tendo como desvantagem não ter uma rastreabilidade por usuário, pois ela é apenas uma chave para autenticar o sistema que está acessando a API e não permite uma rastreabilidade a nível de usuário. Daí podemos concluir que este não é o modelo de autenticação mais adequado para sistemas mais elaborados, que exigem um nível de segurança mais avançado e alta rastreabilidade. Nesses casos, ele pode ser usado em combinação com outros, como *OAuth* 2.0, por exemplo.

OAuth 2.0

O *OAuth* 2.0 é um protocolo de autenticação baseada em *token* (LINDAU, 2020), que fornece uma maneira segura de um cliente acessar recursos de um usuário com a permissão deste. Ele garante que só clientes autenticados acessem um recurso protegido sem fornecer seu usuário e senha. Isso é possível porque o *token* de acesso é fornecido por um provedor de autorização, que é de confiança tanto do cliente quanto do fornecedor do recurso protegido. Um exemplo bastante comum é quando você utiliza o *login* do Facebook ou Google (provedor) para acessar um recurso na *web*, embora existam diversos outros modelos de implementação.

Estes são os papéis envolvidos na autenticação *OAuth* 2.0 (GOUGH; BRYANT; AUBURN, 2022):

- ✓ ***Resource Owner***: é o ator (entidade) que possui um recurso protegido e pretende conceder o acesso a terceiros.
- ✓ ***Resource Server***: servidor que possui o recurso protegido – é a API que só pode ser acessada por quem possui o *token* fornecido pelo *Authorization Server.*
- ✓ ***Client***: aplicação que solicita acesso ao recurso protegido em nome do proprietário e com sua permissão.
- ✓ ***Authorization Server***: servidor que fornece o *token* de acesso. Exemplo: Google, Facebook ou servidor privado.

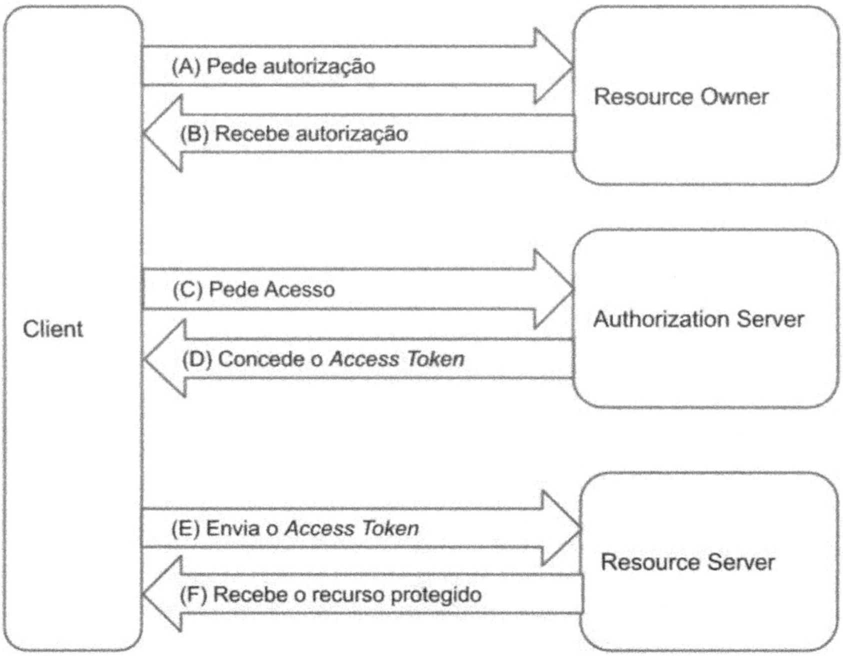

Figura 17.3. Processo de autorização utilizando *OAuth* 2.0.
Fonte: adaptado de Gough; Bryant; Auburn (2022).

Na figura anterior é possível ver a sequência padronizada desse processo de autenticação.

Por ser um processo de bastante maturidade, o *OAuth* 2.0 é largamente utilizado no mercado de tecnologia. Grandes empresas, que necessitam de total controle de segurança e dos dados dos clientes (bancos e instituições financeiras, entre outras), implementam seu próprio provedor de autenticação/autorização, enquanto outras, que permitem mais flexibilidade, acabam optando por utilizar provedores já conhecidos, como Google, Facebook e outros – modelo este mais utilizado em aplicações *web* (LINDAU, 2018). Para APIs onde são feitos acessos entre aplicações, normalmente é utilizado um *client-id* e *client-secret* para obter um *token* que passa a ser utilizado entre as requisições. Nesse caso, o servidor de autenticação pode ser autocontido (o mesmo que detém o recurso protegido) ou pode ser um servidor dedicado.

PARTE II.
GESTÃO DE APIS

18. Ecossistema API

Clara Érica Takayama de Castro

O que é?

Para iniciar este capítulo, vale relembrar a definição do que é um ecossistema, conforme o dicionário Michaelis:

> *sm – substantivo masculino*
>
> *Sistema formado por um meio natural e pela comunidade de organismos animais e vegetais, assim como as inter-relações entre ambos; biogeocenose.*

E qual a relação do ecossistema com as APIs?

As APIs e suas possibilidades de integrações geram essa analogia de se ter um ambiente interligado, vivo e em constante crescimento. Na natureza os vários organismos se integram, dependem uns dos outros e ao mesmo tempo permitem o equilíbrio, a comunicação e a sustentação de um ambiente sadio em constante evolução, apesar de diferentes em sua constituição e função.

Na perspectiva de um ecossistema de negócios, podemos considerar as empresas, seus indivíduos e parceiros como elementos da cadeia de valor que entregam produtos e serviços, e que os consomem.

Com a era digital e a potencialização de novos negócios e produtos ofertados para atender às necessidades de clientes ávidos por soluções inovadoras, as empresas perceberam a urgência de formar parcerias para integrar suas soluções existentes às novas, inclusive de parceiros, de maneira rápida, simples e constante.

O CTO da empresa Mulesoft Sarid (MULESOFT VIDEOS, 2019) explica em um dos vídeos da empresa sobre "o poder dos ecossistemas de APIs" e relembra o tempo de

Henry Ford (por volta de 1920), quando era necessário garantir todo o abastecimento da fábrica para se construir um carro. Dessa maneira, a empresa possuía:

- ✓ plantação de borracha no Brasil (havia uma cidade inteira criada para isso) para garantir a fabricação dos pneus;
- ✓ minas de carvão em Kentucky;
- ✓ acres de madeira e minas de minério de ferro em Michigan e Minnesota;
- ✓ frota de navios e estradas de ferro para garantir a entrega das matérias-primas.

Ele enfatiza a comparação com a atualidade, em que 99% das partes de um carro da Ford provêm de outros fornecedores. Ressalta ainda a necessidade de velocidade para atender à inovação, não sendo possível que apenas uma empresa consiga sozinha atingir tal objetivo.

Com essa analogia entre a manufatura de um automóvel e o mundo digital, fica fácil entender o sentido de ter empresas criadoras e consumidoras de APIs no mundo todo, uma simbiose perfeita para que haja evolução em escala, de maneira eficaz, resultando em aumento de produtividade.

Segundo a PlektonLabs (2020) e Harris (2022), os principais benefícios de utilizar um ecossistema de APIs são:

- ✓ **Custo e tempo reduzidos:** é possível utilizar algo que já está pronto (criado por empresas especialistas no assunto), o que torna o processo mais barato a longo prazo e não é necessário criar uma plataforma completa para isso. Ou seja, redução nos custos operacionais e de desenvolvimento.
- ✓ **Experiência digital melhor e mais suave:** as personalizações de serviços estão em constante melhoria, e isso promove experiências aprimoradas aos usuários.
- ✓ **Uso de nova tecnologia:** a confiança no uso das APIs impulsiona as inovações, e as empresas podem tirar proveito desse fato ao se manterem atualizadas diante da concorrência.
- ✓ **Inovação facilitada:** o sucesso de uma transformação digital recai sobre o fato de se conseguir estar atualizado e em constante evolução; ter um ecossistema de API possibilita ser flexível o suficiente para aderir às novas experiências e criar modelos de negócios de sucesso com a rapidez necessária.

Quem são os atores?

Destacam-se a seguir os principais atores do ecossistema:

✓ **Desenvolvedor**: o criador das APIs, quem desenvolve/codifica o software.
✓ **Provedor de API**: é quem cria um produto de API que fornece informações para quem quiser consumi-las (ativos digitais).
✓ **Consumidor de API**: são os parceiros internos ou externos que utilizam o serviço/produto oferecido pela API.
✓ **API**: numa tradução livre, significa interface de programação de aplicativos, ou seja, um serviço que oferece informações/dados para qualquer um que queira consumi-los.
✓ **Portal de desenvolvedores:** local com a lista de APIs disponíveis, com descrição do que fazem e o meio de comunicação para que se possa acessá-las e receber o retorno esperado, como uma prateleira de mercado ou farmácia.
✓ ***API Gateway Management:*** a Red Hat (2019) define que "o *gateway* de API é uma ferramenta de gerenciamento de APIs que fica entre o cliente e uma coleção de serviços de *backend*. Ele funciona como um *proxy* inverso, que aceita todas as chamadas da interface de programação de aplicações (API), agrega os diversos serviços necessários para realizá-las e retorna o resultado apropriado".
✓ **Cliente final**: qualquer pessoa que utilize os serviços das APIs. Por exemplo: um novo usuário da plataforma de vagas Gupy pode optar por utilizar os dados de sua conta no LinkedIn, não sendo necessário criar um novo usuário e senha. Essa plataforma então utilizará seus dados existentes no LinkedIn para autenticar seu acesso, sendo bem mais prático e rápido.
✓ ***Sandbox***: ambiente para testes das APIs, configurado da forma mais próxima ao ambiente de produção, para que os desenvolvedores tenham a possibilidade de simular sua execução. Isso permite errar e corrigir com rapidez (evolução), com redução de custos e riscos, bem como lançar mais rápido (*time-to-market*).

Escolher o modelo de negócio

Com o crescimento das integrações, as APIs bem desenvolvidas geram e mantêm a saúde da economia digital dentro das organizações e com parceiros e empresas com os quais se relacionam.

De acordo com a Mulesoft (2020, p. 5), há três etapas para escolher o modelo de negócios certo e obter o máximo de suas APIs:

1. Identificar o público-alvo de uma API.
2. Definir o objetivo desejado e os benefícios esperados da API.
3. Escolher um modelo de negócios de API adequado.

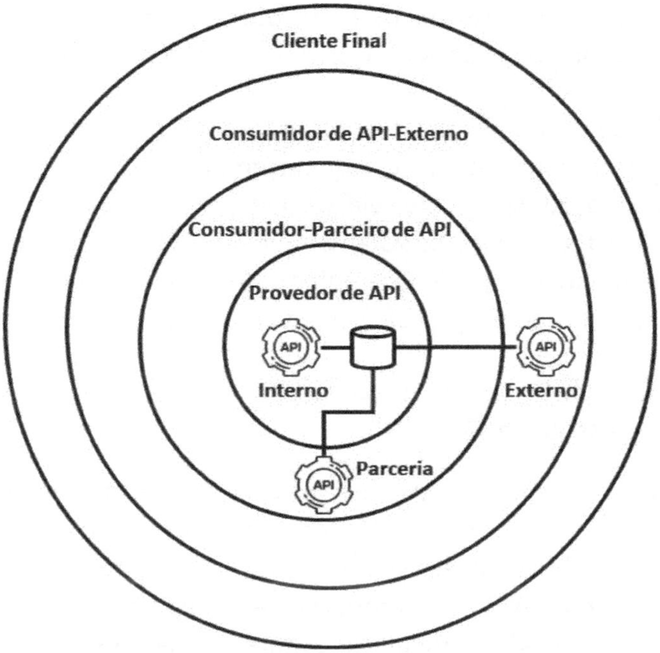

Figura 18.1. Três componentes fundamentais da cadeia de valor da API.
Fonte: adaptado de Mulesoft (2020).

Identificar os parceiros ideais é um tema delicado e importante para a sobrevivência do seu ecossistema. Devido à sua integração, as partes vitais de seu ecossistema devem ser garantidas com velocidade, estabilidade e segurança para não afetar seus serviços.

Todos esses aspectos impactam em pontos importantes. Segundo a Mulesoft (2020, p. 7):

- ✓ **Benefícios esperados – diretos:** reduzir custos, gerar receita, evitar penalidades, utilizar incentivos, altruísmo.
- ✓ **Benefícios esperados – indiretos:** tempo de comercialização, eficiência, reusabilidade, retenção de clientes, vantagem competitiva, promoção da marca, integração simplificada, desenvolvimento da comunidade, geração de *leads* (oportunidades de negócios), transparência.

Como sustentar

Uma estrutura de ecossistema de APIs possibilita a integração de desenvolvedores e de soluções internas e externas através de pequenos e grandes parceiros, que, por sua vez, podem oferecer as mesmas soluções para outras empresas. Essas constantes interconexões alavancam os negócios e o crescimento do sistema de forma exponencial.

Com a necessidade de atender aos clientes, muitas empresas precisaram atualizar suas tecnologias e infraestruturas (uso de nuvem) e muitas passam hoje pelo desafio da transformação digital. Ou seja, os negócios passaram a buscar soluções para melhorar suas tecnologias, os sistemas que as compõem e suas inter-relações, possibilitando aumento na velocidade e volume de entrega de valor aos clientes. Em resumo, produtos inovadores que solucionam problemas de seus clientes.

Conforme Kumar, Ballal e Upadhyay, (2021, p. 18), os passos para sustentar o crescimento de um ecossistema são:

- ✓ **Adotar uma abordagem ágil:** usar protótipos leves que gerem uma experimentação rápida lhe permitirá crescer e melhorar sua versão. É importante se lançar ao mercado para criar esssas interações frequentes.
- ✓ **Melhorar seu modelo de talento:** contratar pessoas com os talentos certos para sua necessidade ou melhorar os talentos das pessoas que compõem a sua equipe atualmente.
- ✓ **Conhecer os dados que já possui:** trabalhar com cientistas de dados para analisar seus dados lhe dará a oportunidade de explorá-los, não somente agora, mas com vistas ao uso futuro. A maioria das empresas não conhece o potencial de seus ativos e ter essa visão antes de iniciar sua estratégia de APIs será muito vantajoso (valor atual x valor futuro).
- ✓ **Criar experiência do consumidor/sinergia de custos:** ao criar essas sinergias para os consumidores, elas se tornam atraentes e competitivas.
- ✓ **Vantagem competitiva:** ter em mente que a competição vem do valor e não do preço – isso o distinguirá entre os demais e poderá neutralizar os concorrentes.

Desafios

A complexidade do ecossistema de APIs traz alguns desafios.

Conforme Medjaoui *et al.* (2021), a jornada da maturidade de APIs possui oito aspectos, que nomeia como "os oito Vs". Eles são considerados princípios guia pelo autor, para manter a melhoria contínua das APIs dentro da estratégia escolhida.

- ✓ **Variedade:** decidir entre pouca ou muita variedade é complicado e deve ser tratado com prudência, com a devida documentação e equilíbrio entre instigar o reaproveitamento ou decidir por sua substituição.
- ✓ **Vocabulário:** importante desacoplar a API da evolução potencial de um vocabulário, para que ele seja reconhecido e reutilizado a longo prazo. Para isso, considere basear-se nas organizações que definem as normas, pois muitas das mudanças em APIs estão relacionadas à necessidade de atualização dos vocabulários.
- ✓ **Volume:** utilizar a observabilidade para ajudar na decisão de investimentos, conforme o volume e as tendências, lembrando que isso também evolui com o tempo, conforme o ecossistema também se modifica.
- ✓ **Velocidade:** toda API deve ser fácil e rápida de ser alterada e consumida. Qualquer fator que prejudique isso deve ser rapidamente identificado e ajustado. Repetir essas ações para manter a escalabilidade.
- ✓ **Vulnerabilidade:** todos os componentes devem ser tratados como potenciais itens a serem externalizados, e todos devem ser tratados para evitar qualquer tipo de comportamento malicioso.
- ✓ **Visibilidade:** toda API deve ser fácil de usar e de se encontrar. Se houver algo que dificulte isso, trate a questão imediatamente, de preferência de forma automática.
- ✓ **Versionamento:** considerar o versionamento ininterrupto como estratégia fundamental para manter o ecossistema de APIs.
- ✓ **Volatilidade:** gerenciar este item demandará uma mudança no comportamento do desenvolvedor, exigindo que tenha responsabilidade sobre aquilo que codifica de forma distribuída. Qualquer falha será sentida de maneira quase que imediata, uma vez que o ecossistema evolui rapidamente e todos podem ser afetados.

Conclusão

APIs podem alavancar seus negócios, desde o seu legado até novas tecnologias.

Para manter um ecossistema de APIs é necessário ter uma estratégia que avalie as possibilidades de desenvolvimento interno e externo, pesando os prós e contras e ponderando riscos e investimentos a longo prazo.

É importante levar em consideração a qualidade e a segurança, pois garantirão a sustentabilidade de seu negócio, seja ele qual for.

Com um ecossistema saudável será possível crescer e inovar simultaneamente, gerando economia ou ganhos financeiros.

19. Produto x plataforma

Werinton Ferrari

Para poder entender as diferenças entre um produto e uma plataforma é necessário, primeiro, entender o que é cada um deles.

O que é um produto de software?

De acordo com Kotler e Armstrong (2007), um produto é um objeto, sistema ou serviço disponibilizado para uso a partir da demanda do consumidor; é qualquer coisa que possa ser oferecida a um mercado para satisfazer o desejo ou a necessidade de um cliente.

Porém, este capítulo trata de um tipo específico de produto, que é o produto de software. Mas o que é software?

O dicionário Michaelis (s.d.) descreve software como: "qualquer programa ou grupo de programas que instrui o hardware sobre a maneira como ele deve executar uma tarefa".

Então, é possível afirmar que um produto de software é um programa, ou conjunto de programas, que instrui o hardware a executar uma tarefa e que é disponibilizado ao mercado para satisfazer o desejo ou a necessidade de um cliente.

Existe uma infinidade de produtos de software – para escrever um livro se usa um produto de software, pois os editores de texto se enquadram nessa definição. As pessoas usam dezenas de produtos de software, desde o despertador do *smartphone*, que toca pela manhã, o software de planilhas onde aqueles gráficos fantásticos são elaborados, até os *streamings* de vídeo.

E o que é uma plataforma?

Diferente de um produto de software, onde um único usuário pode ser suficiente para trazer valor ao produto, uma plataforma depende da adesão de uma gama maior de usuários para que tenha valor. Joaquim Torres, em seu livro "Gestão de produtos: como aumentar as chances de sucesso do seu software" (2015), descreve plataformas da seguinte forma: sistemas que, quanto mais pessoas usam, mais são valorizados. São sistemas fortemente baseados no conceito de efeito de rede (*network effect*). Efeito de rede é o valor que os usuários de um determinado software obtêm quando outros usuários também utilizam o software. A Figura 19.1 exemplifica o efeito de rede em uma plataforma.

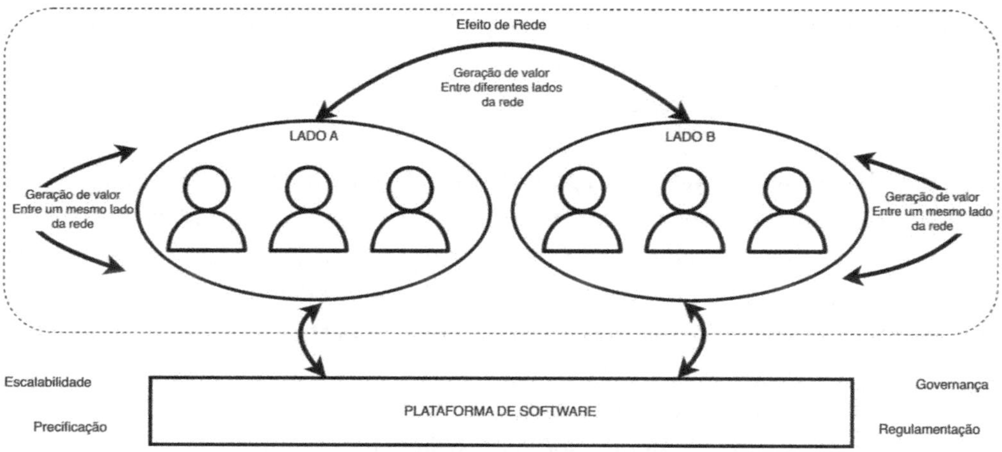

Figura 19.1. Efeito de rede em plataformas.
Fonte: adaptado de Joca (2015).

O telefone é um bom exemplo para descrever o efeito de rede. De nada adianta haver uma única linha de telefone, pois não há motivação para adquirir esta linha, já que não há para quem ligar. Ou seja, quanto mais pessoas possuem uma linha de telefone, mais pessoas se interessam por adquirir um telefone. A plataforma passa a ter valor a partir da segunda linha. Quanto mais conexões a rede possui, mais valor ela tem.

Outro exemplo do efeito de rede é o carro elétrico e os postos de recarga. Quanto mais carros elétricos são vendidos, mais postos de recarga são criados, e quanto mais postos de recarga são criados, mais viável passa a ser um carro elétrico.

Há dois tipos de plataformas:

- ✓ ***Single-side* (lado único)**: são plataformas nas quais só há um grupo de usuários necessários. As redes sociais são exemplos desse tipo de plataforma: para que Twitter, Facebook e Instagram funcionem, basta que existam usuários.
- ✓ ***Cross-side* (múltiplos lados)**: são plataformas que necessitam de mais de um grupo de usuários. Um bom exemplo é o Uber: para que a plataforma funcione, é necessário ter motoristas e passageiros. Quanto mais passageiros, mais motoristas se interessam por trabalhar com a plataforma; e quanto mais motoristas, mais passageiros usam o Uber.

Mas plataformas *cross-side* não se limitam a dois lados. O YouTube é um exemplo de plataforma com mais lados. Nele temos os produtores de conteúdo, os espectadores e os anunciantes. Quanto mais conteúdo é produzido, mais pessoas assistem e mais anunciantes expõem suas marcas.

Toda plataforma de software é um produto de software, mas nem todo produto de software é uma plataforma. Um software pode nascer como um produto e se transformar em uma plataforma, já o contrário não é possível. O YouTube, por exemplo, foi criado em 2005 como um produto onde os usuários poderiam salvar seus vídeos. Posteriormente, evoluiu para uma plataforma de compartilhamento de conteúdo.

Tanto produtos como plataformas de software possuem muitas similaridades no desenvolvimento e gerenciamento de APIs. Há elementos comuns que ambos devem considerar ao desenvolver APIs. De acordo com Medjaoui *et al.*, no livro "Continuous API Management" (2021), essencialmente, é o equilíbrio contínuo de três elementos – escopo, escala e padrões – que impulsiona um programa de gerenciamento de API saudável e crescente. Eles descrevem da seguinte forma esses três elementos:

> *Escopo: no que exatamente as equipes centrais de arquitetura de software devem se concentrar ao gerenciar APIs ao longo do tempo?*
>
> *Escala: muitas vezes, o que funciona quando as empresas estão apenas começando sua jornada de API não é dimensionado à medida que o programa cresce de algumas pequenas equipes para uma iniciativa global.*
>
> *Padrões: à medida que os programas amadurecem, os esforços de gerenciamento e governança precisam passar de conselhos detalhados sobre design e implementação de APIs para uma padronização mais geral do cenário de APIs, liberando as equipes para tomar mais decisões em um nível detalhado.*

Porém, como visto anteriormente neste capítulo, diferentemente de um produto, plataformas de software precisam de um número grande de usuários para que possam ter valor. Logo, isso deve ser levado em conta no design de suas APIs – ou seja, as APIs de uma plataforma precisam ser implementadas levando em conta que elas irão receber um grande volume de requisições desde o primeiro dia de uso. Alguns padrões podem ser adotados para minimizar o impacto desse grande número de requisições.

Boas práticas no desenvolvimento de APIs com alto volume de requisições

Ao desenvolver uma API para lidar com um alto volume de requisições, é importante seguir algumas boas práticas para garantir que a API seja escalável, eficiente e confiável. Algumas dessas boas práticas incluem:

- ✓ **Usar uma arquitetura de microsserviços:** ao dividir a API em microsserviços independentes, cada um responsável por uma tarefa específica, é possível distribuir a carga de trabalho entre vários servidores e escalar cada microsserviço individualmente de acordo com a demanda. Isso também torna mais fácil manter e atualizar a API, pois cada microsserviço pode ser modificado e testado de forma independente.
- ✓ **Usar *cache*:** armazenar os resultados das chamadas à API em *cache* pode ajudar a diminuir o tempo de resposta e a carga sobre os servidores, especialmente para chamadas que retornam resultados que são raramente alterados. É importante estabelecer políticas de expiração de *cache* adequadas para garantir que os dados em *cache* sejam atualizados de forma oportuna.
- ✓ **Usar uma camada de gerenciamento de requisições:** implementar uma camada de gerenciamento de requisições pode ajudar a lidar com picos de tráfego e garantir que a API não fique sobrecarregada. Isso pode incluir técnicas como *rate limiting*, que limita o número de requisições que um usuário pode fazer em um determinado período de tempo, e *circuit breaking*, que desconecta temporariamente um serviço da API se ele estiver sobrecarregado ou em falha.
- ✓ **Monitorar e testar de forma contínua:** é importante monitorar o desempenho da API de forma contínua para garantir que ela esteja funcionando corretamente e atenda às expectativas de desempenho. Isso inclui a realização de testes de carga para simular o tráfego real e identificar quaisquer problemas de desempenho antecipadamente.

Seguir essas boas práticas pode ajudar a garantir que a sua API seja escalável, eficiente e confiável, mesmo em um ambiente com alto volume de requisições. É importante lembrar de continuar revisando e aprimorando essas práticas à medida que a demanda por sua API aumenta e as necessidades mudam.

Considerações finais

A decisão entre construir um produto ou plataforma vai muito além de questões técnicas – esta é uma decisão de modelo de negócio. É importante classificar se o produto que se pretende desenvolver se classifica como uma plataforma ou não e compreender os desafios atrelados ao seu desenvolvimento.

Embora um produto de software possa parecer mais simples que uma plataforma, desenvolver suas APIs ainda possui diversos desafios. Quanto maior o produto, com mais funcionalidades sendo desenvolvidas, mais APIs são desenvolvidas. Com isso, catalogar as APIs e possuir uma visão única onde seja possível ver todas as APIs desenvolvidas se torna muito importante. Com o passar do tempo, as funcionalidades acabam evoluindo e as APIs acabam sofrendo alterações; logo, versionar as APIs de forma correta, possibilitando que contratos sejam alterados sem impactar os consumidores, se torna essencial.

Para uma plataforma, é importante traçar uma estratégia para atrair seus primeiros usuários. Joca, em seu texto "Produto ou Plataforma" (2015), afirma que isso é tão ou mais importante do que as funcionalidades. É necessário compreender que, pelo fato de uma plataforma se beneficiar do efeito de rede, suas APIs e o software que roda por trás dessas APIs precisam estar preparados para um grande volume de requisições desde o dia de seu lançamento. Por fim, uma plataforma de software é um produto de software, então os desafios de desenvolver APIs para produtos de software também se aplicam a plataformas.

20. Papéis em um time de API

Vanessa Machado

Transformando um grupo de pessoas em um time de API/produto

O significado de time é quase o mesmo que grupos, equipes e clubes. Entretanto, o grupo compartilha conhecimentos e informações para ajudar cada indivíduo a realizar suas próprias responsabilidades e o time é um grupo de pessoas que realizam suas tarefas com o mesmo propósito. Sendo assim, o time nada mais é do que um grupo de indivíduos que se junta para desenvolver uma mesma atividade, com objetivos em comum.

Com base nesse conceito, é importante conhecer um pouco mais sobre esse assunto, com o olhar voltado para times de API/produto, e demonstrando algumas características que visam melhorar a qualidade na entrega de nossos produtos.

Características fundamentais para elaborar a estrutura do time

Existem alguns aspectos específicos que são fundamentais para entregas com qualidade: colaboração, multidisciplinaridade, auto-organização, tamanho certo e cultura.

A colaboração entre os participantes do time é fundamental. Afinal, convém lembrar que o time busca o mesmo objetivo, e para isso é necessário compartilhar informações, ideias, aprendizagens, conhecimentos, riscos, contratempos e problemas.

Modelos ágeis, *waterfall* (cascata) e híbridos

No processo de transformação digital é fundamental trazer mais agilidade para o planejamento e a realização dos projetos. Nessa trajetória é importante conhecer os projetos híbridos, que permitem equalizar as características das metodologias baseadas no modelo *waterfall* e em metodologias ágeis.

Características dos times tradicionais (*waterfall*)

O time tradicional (*waterfall*) apresenta barreiras para garantir a velocidade na execução dos projetos, principalmente em cenários de maior complexidade. Esse time possui fases bem definidas, maior foco no planejamento, facilita a definição do orçamento e a medida do esforço. E entre as principais desvantagens temos a gestão complexa de mudanças e o conhecimento dos problemas apenas na fase final do projeto, gerando custo muito elevado.

Características dos times ágeis

O time ágil deve ser multidisciplinar, apesar de cada um dos participantes ter a sua principal atuação definida. Todos devem ser capazes de se organizar para atingir a meta da *Sprint*, com foco no valor da entrega e com base nas prioridades das entregas, permitindo maior flexibilidade e adaptação, com entregas frequentes e regulares, além de avaliações e ajustes em cada iteração.

A auto-organização é uma qualidade significativa do time: os participantes devem ter a independência necessária para planejar a execução de cada atividade da *Sprint*.

É muito importante também ter o tamanho correto, para que o time não seja muito grande nem muito pequeno – preferencialmente entre cinco e nove pessoas. Assim é garantida uma intercomunicação objetiva que irá proporcionar o *face-to-face*, trazendo ainda mais união entre os participantes. Times menores possuem comunicação mais eficaz.

É possível refletir sobre tal questão e afirmar que: "qualquer organização que projeta um sistema (definido de forma ampla) produzirá um projeto cuja estrutura é uma cópia da estrutura de comunicação da organização" (CONWAY, 1968, p. 31). Portanto, para garantir uma comunicação eficaz entre os integrantes da equipe, é preciso pensar no seu tamanho ideal.

Em conseguinte, para desenvolver a cultura – como mais um aspecto fundamental de qualidade –, é necessário deixar o time elaborar à sua maneira. Promover uma forma de organizar as atividades do dia a dia permitirá que o time, que está reunido e trabalhando, venha a se aperfeiçoar cada vez mais. Ou seja, com base na afirmação de Conway, quanto mais tempo um time fica junto, melhor.

Analisando a comunicação entre diversos grupos, é possível observar as informações de um pesquisador psicólogo norte-americano sobre dinâmica de grupos, que disse que "pessoas que atuam juntas em um mesmo time passam por quatro estágios que impactam na sua eficácia" (TUCKMAN, 1965, p. 14):

Figura 20.1. Gráfico de Tuckman – fases da equipe.
Fonte: adaptado de Tuckman (1965).

- ✓ **Formando (*forming*)**: nesta etapa, os membros da equipe estão se entendendo, conhecendo os objetivos comuns e as formas de trabalharem juntos.
- ✓ **Confrontando (*storming*)**: em seguida, surgem alguns confrontos, quando o time começa a debater sobre como as atividades serão feitas e começa a conhecer as aptidões de cada integrante no time.
- ✓ **Normatizando (*norming*)**: nesse momento os membros do grupo definem o método de trabalho e os papéis e compromissos de cada participante do time. Nesse estágio os participantes do time já se conhecem melhor e respeitam as competências de cada integrante.
- ✓ **Desempenhando (*performing*)**: é nesta etapa que o time verdadeiramente começa a realizar e a oferecer resultados. O time já se conhece bastante, possui um processo de trabalho e o que está alinhado entre todos os participantes do time está definido.

Práticas na organização dos times

Segundo Porter (1996, p. 64), "estratégia competitiva é sobre ser diferente. Significa escolher deliberadamente um conjunto diferente de atividades para entregar uma combinação única de valor". Neste tópico é possível observar quatro exemplos para organizar times de produto: pode ser pelo próprio produto ou funcionalidade, por tipo de usuário, jornada ou objetivo. A seguir, a descrição de cada uma delas.

Por produto ou funcionalidade

É um dos modelos de organização de times de produto mais utilizados. Para cada produto ou funcionalidade temos uma cultura definida. Como exemplo, uma empresa do ramo de atuação na área de seguros pode organizar seus times de acordo com cada produto: time de capitalização, time de seguros de vida, time de previdência privada e assim por diante.

Por outro lado, outra empresa da mesma área de atuação pode optar por utilizar o modelo focado em funcionalidades relacionadas à gestão financeira, como equipe responsável pelos sistemas de cobrança e outro time focado em funcionalidades fiscais e contábeis.

A vantagem indispensável desse modo de organização é que a parte do produto que é responsabilidade do *squad* é bem clara, mas, por outro lado, com o foco no produto perde-se um pouco de visão sobre as pessoas cujos problemas esse produto resolve.

Por tipo de usuário

Esse é um modelo muito comum em *marketplaces* e plataformas. Cada grupo de *squad* tem o foco em um ator – podendo este ser um usuário que representa um papel, um dispositivo de hardware ou outro sistema.

No cenário do Tribunal de Justiça do Rio de Janeiro, é possível organizar um *squad* por dois tipos de atores: um para atender aos cartórios – compra de selos cartorários, emissão de certidões, registro de imóveis – e outro para a corregedoria geral de justiça – cálculo e relatório de pagamento dos cartórios, gestão de rastreabilidade de selos.

A vantagem desse modelo de organização é que o foco de cada time é bem definido, buscando aperfeiçoar a experiência e eliminar o obstáculo de cada ator da plataforma.

Caso a arquitetura de sistemas seja muito acoplada, pode haver muita dependência entre os *squads*.

Outro ponto de atenção é que algumas entregas podem ficar divididas entre os grupos de *squads*. Por exemplo, em uma empresa fictícia foi introduzida uma nova forma de pagamento (cartão de crédito), mas para implementar essa nova modalidade é necessário atuar tanto na parte de cobrança quanto na parte de venda.

Por jornada

Nesse modelo, os grupos de *squads* são definidos de acordo com cada jornada do usuário. Pesquisas, compras, reservas de serviços e, sendo assim, são jornadas pelas quais seu usuário pode passar ao utilizar um produto.

Por exemplo, em uma empresa de reserva de viagens corporativas, existe um time chamado "Inovação", que cuida da jornada do usuário pela plataforma de aplicativos de celular. Em uma empresa de investimentos, existe um time específico para a abertura de contas digitais. Portanto, a principal vantagem dessa disposição é que o foco em uma jornada amplia a chance de proporcionar uma ótima experiência na jornada particular. Por outro lado, normalmente um *squad* é suficiente para cuidar de uma jornada, então você pode acabar unindo muitos times de um só *squad*.

Por objetivo

A estruturação por objetivo significa que esta tem foco em um objetivo específico.

Em uma empresa financeira, atuando como *fintech* no Brasil, ocorre esse modo de organização no time para garantir que os clientes baixem o *app*. E, assim, criaram a conta gratuita e se tornaram correntistas focando em ter uma excelente experiência digital. Isso garantiu que os usuários utilizassem e tirassem o maior proveito possível do aplicativo, com a satisfação e a retenção destes.

Nesse tipo de estrutura, o benefício primordial é a atenção ao lugar aonde se quer chegar, o propósito. A desvantagem é que há dois *squads* com propósitos diferentes atuando com a mesma área do produto, o que pode causar uma experiência estranha para o cliente. Outra desvantagem: caso a arquitetura de sistemas esteja muito acoplada, pode haver muita dependência entre os times.

Papéis compartilhados entre *squad* por objetivos
O time mínimo de elaboração de produto, também chamado de *squad*, é constituído por um *product manager*, um *product designer* e dois ou mais engenheiros.

Times de produto também podem ter papéis compartilhados entre outros *squads*. O motivo deste modelo, em vez de dedicados por *squad*, consiste em três principais propósitos:

- ✓ **Tamanho:** é importante o *squad* ser pequeno – essa característica permitirá manter a agilidade do time.
- ✓ **Propriedade:** é a pessoa da equipe no *squad* com uma função específica. As exceções são os três papéis fundamentais de um *squad*, que são desenvolvedores, gestores do projeto e de produto.
- ✓ **Alocação de recursos:** focar em equipes menores e bem qualificadas permite flexibilizar a atuação desses profissionais durante a construção do produto em mais de uma equipe, maximizando os resultados.

Outros papéis compartilhados que podem existir em um *squad*

- ✓ ***Agile Coach*:** apoia os *squads* em seus métodos e na cultura ágil. Em vez de ter um *Scrum Master* por *squad*, tem-se um *Agile Coach* por grupo de *squad* que ajuda os outros *squads* nesse tema – lembrando que os métodos e a cultura ágil de cada *squad* são compromissos de cada elemento do *squad*.
- ✓ ***Quality Assistance*:** assim como métodos e cultura ágil são compromissos de cada participante do *squad*, o mesmo acontece com a qualidade. O *quality assistance* por grupo de *squad* de produto ajudará cada *squad* com foco em qualidade.
- ✓ ***Data Analyst*:** todo time produz muitos dados e é necessário esclarecer o significado desses dados. Reforçando, conhecer bem o que esses dados significam é um compromisso do *squad*. No entanto, quando o modelo de dados é muito complexo, se faz necessário ter uma pessoa na equipe ajudando os participantes nas necessidades mais complexas de identificação desses dados em cada grupo.

Existem outros papéis possíveis, porém é importante mencionar que o excesso de compartilhamento trará mais dificuldade na coordenação dos recursos na equipe. Considere no máximo até três papéis compartilhados.

Papéis estruturais da API

Times estruturais trabalham fornecendo a base necessária para a criação e manutenção dos ambientes que serão utilizados pelos times de produto.

Alguns dos principais tipos de times estruturais necessários no desenvolvimento de produtos digitais são:

- ✓ **Infraestrutura:** este time é encarregado da infraestrutura onde a API será hospedada e disponibilizada para os clientes.
- ✓ **Dados:** as três disciplinas que precisam do time de dados: o time de engenharia de dados (que cuida da infraestrutura necessária para a gestão dos dados da empresa), a equipe de analistas de dados (responsável por elaborar relatórios) e o time de cientistas de dados (capaz de gerar *insights* dos dados e possivelmente elaborar algoritmos de *machine learning* que possam evoluir à medida que mais dados forem selecionados e analisados, através de *dashboards* que demonstrem a performance do produto).
- ✓ **Arquitetura:** equipe que apoia os times de API ao definir modelos de arquitetura de software.
- ✓ ***Design Ops:*** time central de design que mantém o *Design System* e suas bibliotecas de componentes. Este time é responsável por definir os padrões de interação e desempenho.
- ✓ **Segurança da informação:** responsável pela implantação da segurança da informação, observando LGPD (Lei Geral de Proteção de Dados Pessoais), certificação PCI (padrão de mercado para assegurar o uso de cartões de crédito), certificação ISO 27001 (padrão e referência internacional para a gestão da segurança da informação), políticas de BYOD (*Bring Your Own Device,* que se refere à política de TI que permite aos funcionários levarem dispositivos pessoais como *smartphones, tablets* e *laptops* para a empresa, para usá-los como ferramenta de trabalho).

Na prática com times de API/produto

O produto que está sendo desenvolvido é, na verdade, dois em um, mas esse time não possui uma equipe multifuncional. Nesse caso, o que deve ser feito? O desenvolvimento de uma API e um aplicativo disponível em um navegador.

Conforme a premissa de gestão de processos, "a qualidade de um sistema ou produto é altamente influenciada pela qualidade do processo utilizado para desenvolvê-lo e mantê-lo" (CMMI PRODUCT TEAM, 2010, p. 5).

Os gerentes de produto não qualificam a API, mas especificam as funcionalidades que serão entregues. Assim, em um cenário que considere um produto principal que é integrado a outro sistema de terceiro (que fornece, por exemplo, relatórios de BI), haverá o desafio de como organizar esse time. Com uma equipe não multifuncional, é necessário reestruturar os recursos em duas equipes, sendo uma responsável pelos componentes da API e outra pelo *frontend*.

Também é importante ter uma comunicação constante entre as equipes. Um dos valores principais do *Scrum* é: "os indivíduos e suas interações acima de procedimentos e ferramentas" (SCRUMSTUDY, 2017, p. 327), que objetiva sincronizar constantemente todas as demandas que possam impactar no alinhamento das interfaces. Os principais pontos de atenção são os alinhamentos de versões, campos e regras. Da mesma forma, é importante gerir a organização do tempo de desenvolvimento de cada equipe, pois o prazo final da demanda não necessariamente é o mesmo de conclusão de ambas as equipes.

Conclusão

Após entender os principais papéis para compor um time de API, é necessário avaliar os benefícios e desafios de cada tipo de organização para o sucesso do time e de suas entregas. Não há uma receita própria que garanta isso, pois depende do cenário, da cultura, do produto e da maturidade da empresa. Aqui foram expostos exemplos viáveis utilizados no mercado para que você possa levar em consideração e ponderar na hora da sua decisão. Coletar o *feedback* dos times e corrigir a rota é uma boa maneira de evoluir e ter papéis bem definidos.

21. Importância do *API Product Manager*

Henrique Eduardo Souza

API Product Manager e os seus times

Não será nenhuma surpresa se você estiver ouvindo pela primeira vez sobre uma equipe de API e o papel de gerente de produto de API. Ao longo do capítulo serão explicados seu papel nas organizações e suas características.

Uma equipe, um *squad* ou time de API gerencia APIs em todo o seu ciclo de vida, incluindo produção e, em alguns casos específicos, monetização, limites de acesso e até mesmo segurança e vulnerabilidades. Gerentes de produtos de API ou PMs (*Product Manager*) de API, como são conhecidos, estão no centro do gerenciamento, suportando e otimizando os fluxos de trabalho das equipes.

Eles geralmente tracionam o processo de novos lançamentos e interações com o cliente para gerenciar e avaliar seus desejos por novas funcionalidades. Esse papel requer compreensão e implementação de boas práticas e recomendações em cada estágio do ciclo de vida da API.

Muitas empresas brasileiras não conseguem manter uma equipe de API estabelecida ou até mesmo um gerente de produto de API dedicado, pois o cenário econômico atual demonstra um aumento expressivo do valor salarial de um profissional de tecnologia. O alto custo desse profissional foi impulsionado pelo aumento de ofertas de teletrabalho durante a pandemia, o que abriu possibilidades de trabalho em empresas americanas e europeias, com salários maiores que os ofertados no Brasil.

Perfis importantes e raros no time de APIs

✓ **Arquiteto de APIs (O visionário):** como o arquiteto que esboça as necessidades de uma casa com base no perfil da família que irá habitar aquele local, o arquiteto de APIs é responsável por planejar, projetar e revisar a construção das APIs pela qual ele foi responsável pelo desenho. Eles devem orientar os times de criação de APIs sobre como o desenvolvimento deve seguir padrões de design necessários para atender aos atributos de qualidade, aos requisitos de negócio e às restrições. Os arquitetos devem claramente entender a diferença entre produtos de API projetados para consumo e produtos de API projetados para exposição. Eles podem ser responsáveis por entender os detalhes dos sistemas satélites e/ou fazer a comunicação com as equipes de *backend* que tenham essa responsabilidade. Seu trabalho deve refletir uma compreensão de como isso afeta outros membros da equipe de gerenciamento da API, bem como os desenvolvedores que consomem as APIs projetadas por ele.

- ✓ **Evangelista de API (O promotor/mediador):** como qualquer evangelista de produto, o evangelista de API é a voz dos consumidores de API. O evangelista deve entender profundamente os desenvolvedores e garantir que eles tenham tudo o que precisam para ser bem-sucedidos. Este papel é responsável pela tarefa vital de gerenciar o portal dos desenvolvedores e garantir que estes tenham acesso a informações detalhadas sobre a oferta do produto, incluindo documentação SDKs (*kits* de desenvolvimento de software). Eles são responsáveis pela divulgação de desenvolvedores internos e externos. Essa divulgação pode incluir não apenas responder a perguntas, como executar *workshops* práticos e trazer *feedbacks* de desenvolvedores e clientes para a equipe da API, para informar e oferecer suporte ao roteiro do produto. Os evangelistas podem desempenhar um papel crucial na atração de parceiros para as APIs da empresa e, assim, expandir o ecossistema de participantes aproveitando a oferta da empresa. Hoje as empresas não contam com uma posição de Evangelista de API – normalmente este é um papel no qual os PMs (*Product Managers*) e PMs de API normalmente assumem a frente, porém é comum encontrar grandes companhias com o papel de evangelista sendo desempenhado por arquitetos de soluções que atuem no departamento de pré-vendas e até mesmos líderes técnicos evangelizando os produtos desenvolvidos pelos times de produto.
- ✓ **Gerente de Produto da API (O vendedor):** o gerente de produto da API é responsável por colocar as conversas e atividades multifuncionais em vigor para ajudar uma organização a desenvolver sua visão para produtos API. O gerente transforma essa visão em ação gerenciando cada estágio do ciclo de vida do produto da API. O gerente de produto é o especialista no assunto do produto API, entende profundamente suas especificações técnicas e benefícios, e pode efetivamente falar sobre esses benefícios a qualquer pessoa, incluindo colegas e executivos ou até mesmo atuando do lado comercial na empresa.

Suas responsabilidades podem variar dependendo da organização, executando ou não ritos de agilidade (*Scrum*, *Kanban*), priorização de recursos de *backlog*, definição de KPIs do produto, preparação de apresentações para parceiros ou até mesmo ajudando a lançar a API em ecossistemas mais amplos.

Algumas lições muito importantes para aprender como PM de API

- ✓ **Desenvolvedores internos trabalhando na API:** desenvolvedores internos, independentemente do modelo de contratação, já têm uma boa noção de como o negócio funciona. "Mas eu tenho um time externo desenvolvendo minhas APIs, isso não funciona?" No meu caso, os times de negócio que trabalhavam com fábricas externas não tinham o mesmo êxito nem a mesma agilidade na construção de suas APIs como os times de negócio que trabalhavam com um time fixo na construção e manutenção das suas APIs.
- ✓ **Desenvolvedores terceirizados com acesso às APIs de produção:** independentemente do modelo de contratação, o acesso à produção deve sempre ser realizado de forma automatizada.
- ✓ **Conhecer quem são os clientes que usam a API:** é fundamental realizar métricas e pesquisas para acompanhar o nível de satisfação do seu cliente com seu produto.
- ✓ **Usuários finais internos que usam a API para conduzir seus negócios:** é muito importante que saibam utilizar as APIs e saibam qual é um bom cenário para uso. Tivemos cenários de uma jornada de "onicanal" (para o cliente no centro) onde o conhecimento do usuário sobre o objetivo de cada API foi fundamental para a definição do prazo e o sucesso da jornada.

Segundo desafio: descobrir habilidades necessárias e desenvolver novas

As habilidades e qualificações de um PM de API são as mesmas na maior parte das empresas. No entanto, seus planos de carreira podem ter um grande impacto em suas habilidades gerais, e muitas empresas tendem a se concentrar em habilidades técnicas. Logo, não é tão simples se tornar um PM de API, pois muitas empresas optam por contratar especialistas em API que conheçam produtos; já outras procuram por gerentes de produto com experiência em API.

Martin Eriksson, Richard Banfield e Nate Walkingshaw (2017) descreveram o gerenciamento de produto como a interseção de negócios, experiência do usuário e tecnologia. Em qualquer uma das vertentes, isso implica em existirem alguns pré-requisitos necessários que o PM de API terá que adquirir.

A seguir, algumas habilidades técnicas e não técnicas de PM de API descritas no livro "Product Leadership" (ERIKSSON; BANFIELD; WALKINGSHAW, 2017), no Capítulo 3, "Being a Great Product Leader":

Habilidades técnicas desejáveis (*hard skills*)

- ✓ Experiência na construção e no lançamento de várias APIs.
- ✓ Experiência em construção de produtos e serviços baseados em API.
- ✓ Experiência em metodologias ágeis.
- ✓ Experiência em ferramentas de gestão de produtos e projetos.
- ✓ Conhecer com muita profundidade conceitos relacionados a APIs.
- ✓ Conhecer com muita profundidade protocolos de comunicação.
- ✓ Experiência como desenvolvedor é fundamental para melhorar a comunicação com os times técnicos.
- ✓ Experiência com integrações em geral.
- ✓ Experiência com produtos de gestão de API.
- ✓ Experiência com gestão de ambientes de serviços distribuídos.

Habilidades não técnicas (*soft skills*)

- ✓ Capacidade de fazer parcerias com várias partes interessadas, como gerentes e desenvolvedores, para trabalhar no escopo do projeto e como superar problemas.
- ✓ Fazer parte de comunidades de desenvolvimento e arquitetura.
- ✓ Habilidades de escrita formal e informal.
- ✓ Qualidades de liderança para coordenar diversas equipes.
- ✓ Habilidades de pesquisa e análise para gerar KPIs que agreguem ao negócio.
- ✓ Habilidades interpessoais e de comunicação – de longe, o maior desafio na minha jornada de PM de API.

É sabido que não é fácil encontrar todos esses *hard skills* em uma única pessoa, mas é importante que, na falta de algumas dessas habilidades, o PM de API tenha uma equipe robusta com perfis técnicos que o ajudem a suprir essas necessidades técnicas. Atualmente é muito comum encontrar PMs de API que não tenham todas as respostas para as tecnologias mencionadas, mas um perfil de evangelista muito mais apurado. Assim como no *DevOps*, o perfil *T-shape* é valorizado, ou seja, amplo conhecimento em vários temas e especialidade em algum(ns) assunto(s) são o que fazem o diferencial.

Conclusão

À medida que as empresas lidam com a transformação digital, é improvável que aquelas que apenas ofereçam vários serviços de APIs sem gerenciamento de produtos consigam colher o valor total investido na construção das suas APIs. Por outro lado, aqueles que conseguem executar com sucesso uma estratégia real de API aumentarão suas chances de ganhar uma boa fatia no mercado, destacando assim o quão importante é o papel do PM de API para o sucesso do seu produto de API.

22. Gerenciando APIs

Felipe Oliveira
Werinton Ferrari

O gerenciamento de APIs vem se tornando um conceito cada vez mais relevante nas empresas desenvolvedoras de software. Essa tendência atingiu seu clímax depois que a tecnologia *web* se disseminou de forma tão rápida e eficaz no mercado. Sem dúvida, entender o conceito de APIs e a maneira como gerenciá-las passa a trazer como alvo o domínio de mercado na produção de softwares. Além disso, é importante compreender a manutenção de toda a sua estrutura, seja ela produtiva, lucrativa ou que traga bom desempenho.

Brajesh De, em seu livro "API Management" (2017), descreve que o gerenciamento de API ajuda as organizações a publicar APIs para desenvolvedores internos e parceiros externos para liberar o potencial exclusivo de seus ativos. Ele fornece os principais recursos para garantir um programa de API bem-sucedido por meio de envolvimento do desenvolvedor, *insights* de negócios, análises, segurança e proteção. O gerenciamento de API ajuda os negócios a acelerar o alcance em canais digitais, impulsionar a adoção de parceiros, monetizar ativos digitais e fornecer análises para otimizar investimentos em transformação digital.

O gerenciamento de APIs se refere ao conceito que aborda uma série de atividades e responsabilidades para controlar todo um ambiente de APIs de uma empresa. Geralmente é usado um software de gerenciamento de API, que traz a maioria dos dados relacionados a cada uma das ferramentas que estão funcionando e que estão envolvidas no processo. Um exemplo de software para gerenciamento de APIs é o WSO2 API Manager, que possui um conjunto de funcionalidades, tais como: criação, publicação, gerenciamento do ciclo de vida, versionamento, monetização, governança etc. (APOLINÁRIO *et al.*, 2017).

É possível agrupar as atividades envolvidas na gestão de APIs de diferentes formas. Na Figura 22.1 as atividades foram agrupadas em quatro pilares.

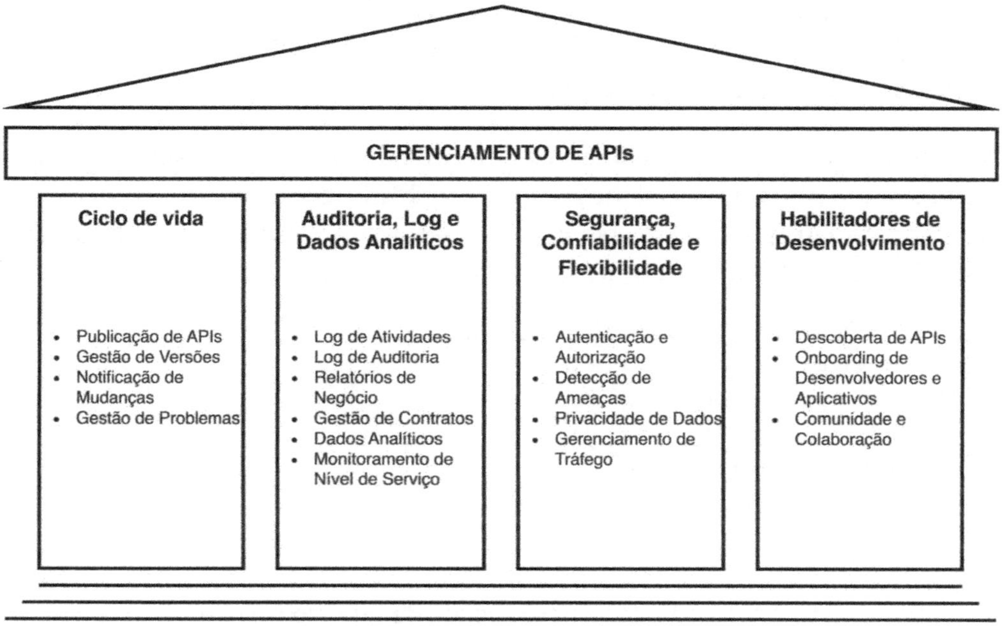

Figura 22.1. Gerenciamento de APIs.
Fonte: adaptado de De (2017).

O pilar **ciclo de vida** agrupa tarefas necessárias para a publicação, evolução e descontinuidade de uma API.

O ciclo de vida de uma API se inicia com design, prototipação e desenvolvimento. Esses passos são feitos normalmente em um ambiente de desenvolvimento. Com isso, vem a necessidade de publicar a API em diferentes ambientes, tais como um ambiente para ser testada e homologada, até chegar ao ambiente onde ela será consumida pelo usuário final, normalmente conhecido como ambiente produtivo. Cada publicação de API carrega consigo a responsabilidade de, além de publicar o contrato da API, publicar suas documentações e identificar qual ambiente possui publicada cada versão da API.

Com o passar do tempo, é natural que uma API evolua, mude, passe a ter um contrato diferente do inicialmente idealizado, ou que até mesmo deixe de ter valor e precise ser descontinuada. Por isso, ter uma estratégia de versionamento de API é fundamental. Para se ter sucesso na definição de uma estratégia de versionamento de API, algumas perguntas precisam ser respondidas:

✓ Quando uma nova versão precisa ser lançada?
✓ De qual forma indicar a versão da API?

- ✓ Quantas versões de uma mesma API devem ser mantidas no ar?
- ✓ Por quanto tempo manter uma versão antiga acessível?
- ✓ Como aposentar uma versão de uma API?

Para responder à primeira pergunta é preciso entender por qual motivo é necessário versionar uma API. O principal motivador é possibilitar que o contrato inicialmente definido para a API possa ser quebrado sem impactar os consumidores de forma imediata. Para exemplificar, tem-se a API a seguir, que efetua o cadastro de um cliente.

```
curl --location --request POST 'foo.bar/api/cliente' \
--header 'Content-Type: application/json' \
--data-raw '{
       "nome": "Joao",
       "sobrenome": "da Silva",
       "dataNascimento": "24/04/1988"
}'
```

No entanto, esta API passa a ter a necessidade de que, no momento do cadastro, seja obrigatório informar o documento do cliente. Se simplesmente for adicionado ao corpo da requisição o atributo **documento**, todos os consumidores desta API passarão a obter um erro ao submeter requisições sem esse atributo, obrigando a todos os consumidores a passar o novo campo desde o momento em que a alteração for publicada.

Para resolver esse problema, é preciso criar um mecanismo de versionamento. Mas de qual forma indicar a versão da API?

Há diversas formas de versionar uma API. A mais comum é indicar a versão na própria URL. Assim, podemos resolver o problema do novo atributo adicionando uma nova versão desta API na própria URL.

```
curl --location --request POST 'foo.bar/api/v2/cliente' \
--header 'Content-Type: application/json' \
--data-raw '{
       "nome": "Joao",
       "sobrenome": "da Silva",
       "dataNascimento": "24/04/1988",
       "documento": "07157765437"
}'
```

As vantagens de versionar assim são a facilidade de manter a documentação desta APIs e visualizar a diferença entre uma versão e outra.

Versionar APIs na URL é uma das formas mais populares, mas não é a única. Entre as diversas possibilidades, é possível resolver o problema utilizando a versão como parâmetros na *query*, ou através de um parâmetro no cabeçalho da requisição.

Exemplo com parâmetro na *query*:

```
curl --location --request POST 'foo.bar/api/cliente?versao=v1' \
--header 'Content-Type: application/json' \
--data-raw '{
       "nome": "Joao",
       "sobrenome": "da Silva",
       "dataNascimento": "24/04/1988",
       "documento": "07157765437"
}'
```

Exemplo com parâmetro no cabeçalho:

```
curl --location --request POST 'foo.bar/api/cliente' \
--header 'Content-Type: application/json'  \
--header 'versao: v1' \
--data-raw '{
       "nome": "Joao",
       "sobrenome": "da Silva",
       "dataNascimento": "24/04/1988",
       "documento": "07157765437"
}'
```

Tão importante quanto escolher o mecanismo de versionamento é determinar quantas versões de uma mesma API serão mantidas simultaneamente. Há um custo em se manter mais de uma versão de uma API, que se dá tanto em manter uma infraestrutura para a versão, quanto em suporte à versão. Dessa forma, é recomendado não manter um número muito grande de versões e efetuar alterações nas APIs que sejam compatíveis com a versão anterior, evitando a necessidade de criar uma nova versão. Mantenha versões antigas pelo menor tempo viável.

Não há uma fórmula única para determinar o menor tempo viável de se manter uma versão antiga de uma API. Esse tempo varia de acordo com contratos estabelecidos entre o produtor e o consumidor da API, a quantidade de consumidores da API e o tempo necessário para que esses consumidores se adequem ao novo contrato. Alterações mais expressivas na API tendem a levar mais tempo para que os consumidores se adequem.

Aposentar uma versão de uma API, ou até mesmo aposentar a API como um todo, envolve a necessidade de comunicar os consumidores da descontinuidade da versão e não admitir novos entrantes no consumo da versão que será aposentada.

Para poder notificar a mudança de uma API, é necessário conhecer os seus consumidores. É essencial ter um catálogo bem definido de quem consome a API e quais as formas de entrar em contato com eles. Assim, é possível enviar comunicados através de e-mail, SMS etc. sobre alterações na API ou informar que ela deixará de atender às requisições. Também é preciso saber se uma determinada versão ainda está sendo requisitada e quem está requisitando.

Além de entrar em contato com o consumidor, é possível adotar uma estratégia de notificação por meio da própria API, adicionando um parâmetro no cabeçalho de resposta da API, tal como uma data de expiração e a nova versão que deve ser consumida. Porém, para que essa estratégia tenha sucesso, é necessário que os consumidores estejam cientes da existência desses parâmetros e monitorem tais valores.

Ainda no pilar do ciclo de vida da API, é importante manter um canal com os consumidores para que estes possam relatar problemas no consumo da API e tirar dúvidas quanto ao seu consumo. Isso pode ser feito com um portal para o desenvolvedor.

O pilar **auditoria, *log* e dados analíticos** é de extrema importância para trazer ideias para o negócio. Saber quem está consumindo, quando e quanto uma API está sendo consumida pode auxiliar na tomada de decisão de qual parte do produto necessita de mais investimentos, quais funcionalidades merecem ser evoluídas e quais podem ser aposentadas. Portanto, um bom gerenciamento de API tem que ser capaz de gerar relatórios, *dashboards* ou outros modelos de dados para o negócio, e não somente para a TI.

No pilar **segurança, confiabilidade e flexibilidade**, temos as seguintes atividades:

- ✓ **Autenticação e autorização**: são atividades que se referem a, respectivamente, saber quem está acessando uma determinada API e identificar se este alguém está autorizado a acessar a API. Dois protocolos bem difundidos para auxiliar nesta etapa são *OAuth* e SAML.

- ✓ **Detecção de ameaças:** APIs são boas interfaces para *hackers* explorarem vulnerabilidades. Algumas ferramentas podem auxiliar na proteção de APIs, tais como um *Web Application Firewall* (WAF) ou mesmo alguns *API managers*, que trazem consigo políticas para mitigar os ataques mais conhecidos. Uma boa forma de saber quais os principais ataques e as formas de se proteger deles é acompanhar os Top 10 OWASP (*Open Web Application Security Project*).
- ✓ **Privacidade de dados:** APIs costumam expor dados – alguns deles podem ser sensíveis, tais como um número de documento, algum dado que identifique uma pessoa etc. Portanto, é importante que, no gerenciamento de APIs, seja possível classificar quais dados são transacionados na API e se há a necessidade de ofuscar ou criptografar algum dado da API.
- ✓ **Gerenciamento de tráfego:** é ter a capacidade de limitar o consumo de APIs por um determinado cliente. Esta atividade é importante para evitar que um cliente consuma toda a infraestrutura e cause uma indisponibilidade da API.

Por fim, há o pilar **habilitadores de desenvolvimento**. Sua principal preocupação é dar apoio aos desenvolvedores, sejam estes internos, que irão evoluir as APIs, ou externos, que irão consumir as APIs. Para isso é importante ter uma área dedicada a esses profissionais, onde eles possam descobrir quais APIs estão disponíveis, visualizar a documentação delas e solicitar acesso.

Pode-se observar que gerenciar APIs não é uma tarefa trivial. Envolve a execução de uma série de tarefas complexas, por isso é recomendado adotar uma ferramenta de mercado para auxiliar. Há mais de uma dezena de ferramentas bem difundidas no mercado voltadas para gestão de APIs, algumas que não necessitam de licenciamento, outras que não atendem a todas as atividades descritas neste livro. Cada organização tem necessidades e limitações específicas, por isso não é possível indicar uma ferramenta a ser adotada, mas é possível indicar um caminho que facilite essa escolha. Empresas como Gartner e Forrester produzem relatórios que elencam os pontos fortes e fracos de cada ferramenta. É muito recomendado a leitura desses relatórios no momento da seleção de um *API Management*.

A Figura 22.2 é um recorte do quadrante mágico do Gartner, onde é possível ver as ferramentas líderes no setor de *API Management* em 2022.

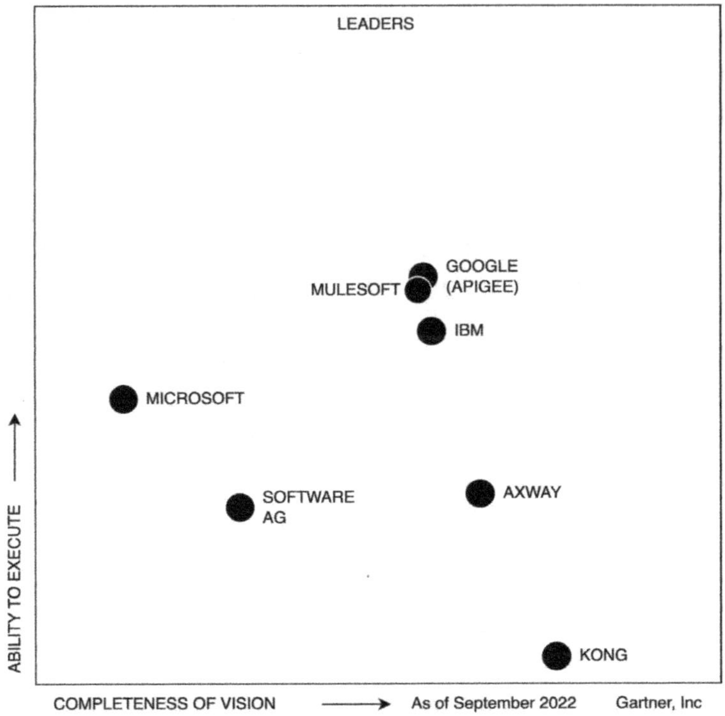

Figura 22.2. Quadrante mágico Gartner.
Fonte: adaptado de Kong (2022).

Conclusão

Mesmo a ferramenta X sendo líder no Gartner ou na Forrester não significa que ela seja ideal para a organização Y. Por isso é extremamente recomendado evitar o pensamento: "se a ferramenta está no quadrante de líder do Gartner, com certeza ela atenderá às necessidades da minha organização". Uma ferramenta pode ser líder, mas sua empresa pode ter necessidades às quais ela não atenda. Então, é recomendado utilizar esses relatórios para auxiliar na seleção das ferramentas, mas o processo de prova de conceito é essencial para escolher aquela que melhor atende às necessidades da sua organização. Traga o time de desenvolvimento e infraestrutura para auxiliar na escolha, defina suas necessidades e limitações, sejam elas técnicas ou financeiras, para então poder selecionar a ferramenta que melhor se encaixa no seu cenário.

23. Gerenciando o consumo de APIs de terceiros

Werinton Ferrari

As organizações dependem cada vez mais de serviços de terceiros e é muito comum que tais serviços sejam consumidos via API. Porém, esse uso de API de terceiros geralmente não é catalogado, governado ou monitorado. E por isso é de extrema importância controlar o uso de APIs de terceiros para que se possa diminuir riscos de vazamento de dados, mitigar riscos de indisponibilidade de serviços e reduzir gastos.

Da mesma forma que as organizações dependem cada vez mais de serviços de terceiros, há cada vez mais serviços que concorrem entre si, entregando um mesmo valor para o negócio, tais como plataformas de marketing digital, *gateways* de pagamento, birôs de consulta de crédito etc. As organizações acabam optando por um parceiro que atenda a uma determinada necessidade de negócio, e isso gera a conveniência de divulgar internamente qual parceiro atende a uma determinada questão. Uma boa prática é catalogar esses serviços para que o público possa descobrir por si só quais estão disponíveis para consumo. Isso pode ser feito da mesma forma como se catalogam serviços internos.

Uma das primeiras etapas no gerenciamento de APIs de terceiros é estabelecer uma política de uso de APIs de terceiros. Essa política deve definir os critérios para selecionar e avaliar APIs de terceiros, bem como as responsabilidades de cada parte envolvida. Além disso, é importante realizar uma avaliação de risco para identificar quaisquer problemas potenciais de disponibilidade, segurança ou licenciamento.

O Gartner (O'NEILL, 2018) elenca os seguintes pontos principais na gestão de consumo de APIs de terceiros:

- ✓ Registre as APIs de terceiros consumidas por sua organização em um catálogo de APIs:
    - Descoberta da API
    - Visibilidade da API

✓ Reduza as dependências diretas de APIs externas usando um mediador de API.
  - Interrupção, aposentadoria e descontinuação
✓ Aplique políticas de consumo e segurança a APIs externas:
  - Vazamento de dados

Uma arquitetura largamente adotada pelas organizações é o consumo direto da API pelas aplicações. Isso ocorre por ser a forma mais simples de consumir uma API de terceiro. A Figura 23.1 representa esse modelo arquitetural.

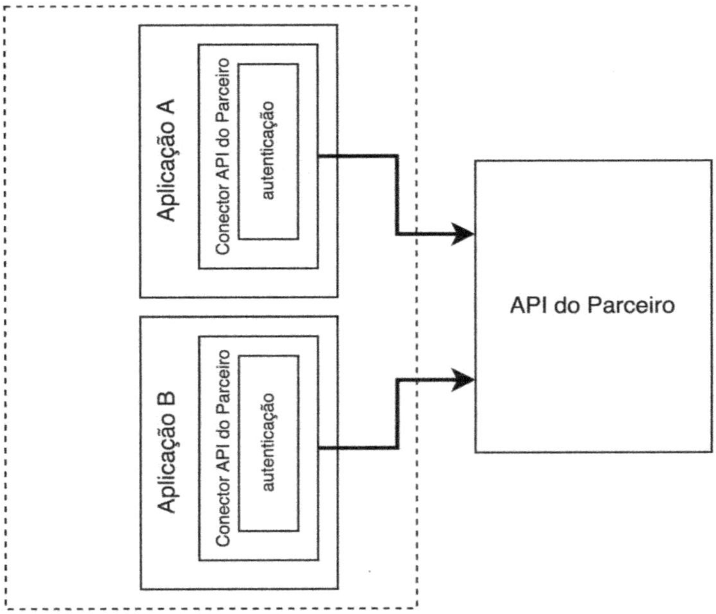

Figura 23.1. Acoplamento de APIs terceiras nas aplicações internas.
Fonte: o autor.

Por mais que o modelo arquitetural representado pela figura seja vastamente adotado, traz consigo diversos problemas. As aplicações têm um alto grau de acoplamento com um sistema que não é gerido pela organização. Quando o sistema sofre alguma alteração (tal como uma mudança no protocolo de autenticação, uma alteração no contrato ou uma mudança no protocolo de comunicação), todas as aplicações são diretamente impactadas. Também se torna difícil identificar quais aplicações consomem a API. Além disso, todas as aplicações precisam conhecer as credenciais de acesso ao serviço, aumentando o risco de vazamento dessas credenciais.

Tal arquitetura também dificulta a segregação de acesso aos dados das APIs terceiras. Para exemplificar esse ponto, imagine o cenário onde a aplicação terceira seja um sistema de viagem. Este sistema possui uma API onde a entrada é o CPF do viajante e seu retorno, as viagens feitas e suas despesas. A aplicação A precisa saber em quais destinos o viajante esteve, mas não precisa saber os valores gastos; já a aplicação B precisa saber os gastos do viajante. Com esse modelo, não seria possível filtrar os dados retornados e ambas teriam acesso à informação de valores gastos.

Um modelo arquitetural mais interessante é visto na Figura 23.2. Neste modelo, em vez de as aplicações consumirem diretamente a API terceira, tem-se a figura do **mediador**. De acordo com Gartner (O'NEILL, 2018), *API Mediator* é um padrão de design no qual uma API é virtualizada, gerenciada, protegida e enriquecida por uma camada de mediação. Essa camada pode impor políticas e injetar recursos na interação da API para maior agilidade, usabilidade, desempenho, segurança e controle.

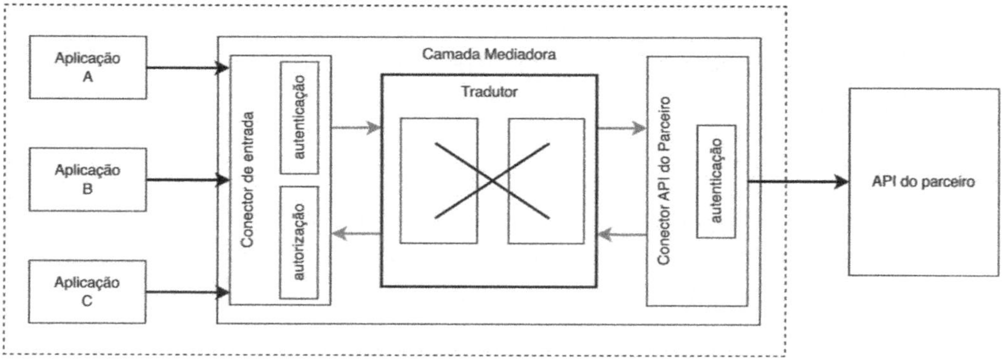

Figura 23.2. ***API Mediator*.**
Fonte: o autor.

Muitos benefícios podem ser vistos com a adoção de um mediador. Retira-se o acoplamento das aplicações com o sistema terceiro e, dessa forma, se algum protocolo ou contrato for alterado por parte do parceiro, basta alterar um único ponto, preservando as aplicações adjacentes. Apenas uma aplicação precisa conhecer as credenciais do serviço externo e podemos gerar novas credenciais para as aplicações internas, facilitando o rastreio de quem são os consumidores desse serviço.

Alguns dos benefícios do uso de um *API Mediator*:

- ✓ **Simplificação da integração de sistemas:** o *API Mediator* permite que diferentes sistemas se comuniquem através de APIs de maneira simples e transparente, facilitando a integração entre eles. Isso pode economizar tempo e esforço na integração de sistemas e simplificar o processo de manutenção e atualização.

- ✓ **Gestão de solicitações de API:** o *API Mediator* pode ser usado para gerenciar as solicitações de API de diferentes sistemas, garantindo que elas sejam processadas de maneira eficiente e segura (NEWMAN, 2015). Isso pode ajudar a garantir que os sistemas envolvidos funcionem de maneira consistente e sem problemas.
- ✓ **Adição de funcionalidades:** o *API Mediator* pode ser usado para adicionar funcionalidades novas às APIs, como autenticação, segurança e monitoramento. Isso pode ajudar a proteger os dados e as informações trocadas entre os sistemas e garantir que eles estejam funcionando corretamente.
- ✓ **Melhoria da escalabilidade:** o *API Mediator* pode ser usado para gerenciar e distribuir solicitações de APIs de maneira eficiente, o que pode ajudar a garantir que os sistemas envolvidos possam escalar de acordo com a demanda.
- ✓ **Otimização da performance:** o *API Mediator* pode ser usado para otimizar a performance das APIs, garantindo que elas respondam de maneira rápida e eficiente. Isso pode melhorar a experiência do usuário e aumentar a satisfação do cliente.

Para o cenário descrito anteriormente, onde é necessário filtrar as informações retornadas pelo serviço externo, com um mediador é possível expor mais de um recurso internamente. Algumas aplicações podem consumir uma API que retorne todas as informações, e outras podem consumir uma API que retorne menos dados.

É possível implementar um mediador de diversas maneiras. Em um sistema monolítico, ele pode ser uma camada de serviço que abstrai a implementação da chamada ao sistema terceiro para o resto do sistema. Pode ser implementado através de microsserviços ou, até mesmo, pode ser implementado dentro de um *API gateway*.

Outro ponto importante na gestão de APIs de terceiros é o monitoramento desses serviços. O mecanismo para efetuar esse monitoramento é similar ao de monitorar uma API interna: basicamente o serviço externo disponibiliza uma API para checar a sua saúde e um agente dispara requisições em um intervalo de tempo, verificando se o serviço continua disponível. A Figura 23.3 exemplifica o processo.

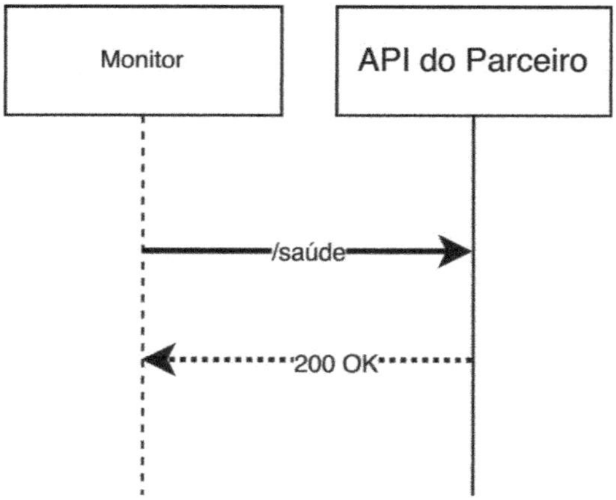

Figura 23.3. Monitoramento API de terceiros.
Fonte: o autor.

O que diferencia o monitoramento de APIs de terceiros do monitoramento de serviços internos é a ação adotada em caso de indisponibilidade. Para aplicações de domínio da organização, em caso de indisponibilidade, uma série de ações de recuperação podem ser adotadas. No caso de serviços de terceiros, essas ações se dão por causa do parceiro, mas cabe à organização preservar seu ecossistema. Para isso, podem ser adotadas medidas preventivas para ativar uma contingência para o serviço. Alguns exemplos de contingência são: utilizar uma camada de *cache* para recuperar uma resposta obtida anteriormente ou rotear as requisições para um serviço que servia de *backup*, tal qual um segundo fornecedor que atenda aos mesmos requisitos de negócio.

Conclusão

São muitos os benefícios em aplicar boas práticas no consumo de APIs terceiras. É possível reduzir o risco de vazamento de dados, diminuir o trabalho do time de desenvolvimento com o reúso de componentes, reduzir o acoplamento dos sistemas internos com o software de terceiros e facilitar a readequação dos componentes internos caso a API externa sofra alterações. Além disso, é possível melhorar o tempo de resposta e reduzir custos de consumo da API terceira aplicando políticas de *cache*.

PARTE III.
APIS E TRANSFORMAÇÃO DIGITAL

24. Transformação digital no Brasil e o papel da API

Demitrius Ruan Quadros

Para começar este capítulo é necessário entender em números o que representa a transformação digital no Brasil. Apresentaremos alguns estudos que quantificam a evolução do uso de tecnologia na vida das pessoas e das empresas em todo o território nacional.

Índices de digitalização da população brasileira

Anualmente, o Centro de Tecnologia Aplicada da Fundação Getulio Vargas (FGVCia) realiza uma pesquisa sobre o uso de TI nas empresas. Em sua 33ª edição, a pesquisa entrevistou 2.650 empresas entre médias e grandes, contemplando 66% das 500 maiores empresas do país. Os dados analisados neste capítulo são com base em informações levantadas durante o ano corrente de 2021 e publicadas no ano de 2022 (MEIRELLES, 2022).

Conforme identificado na tabela a seguir, já existem 447 milhões de dispositivos no Brasil, entre *smartphones*, *notebooks* e *tablets*. Isso representa 2,1 dispositivos por habitante.

Tabela 24.1. Os números da digitalização no Brasil. Fonte: Meirelles (2022).

Os números da digitalização no Brasil		
Aparelhos (*smartphones*, *notebooks* e *tablets*)	447 Milhões	2,1 por habitante
Smartphones	242 Milhões	1,1 por habitante
Computadores	205 Milhões	0,94 por habitante

Segundo dados divulgados pela agência de notícias do IBGE em 2021 (NERY; BRITTO, 2022), a internet chega a 90% dos domicílios no país, um aumento de 6% em dois anos, sendo o percentual desse acesso dividido da seguinte forma:

- ✓ 99,5% dos acessos em domicílios ocorrem por meio de *smartphones*.
- ✓ 44,4% dos domicílios com internet têm acesso por televisores.
- ✓ Microcomputadores são utilizados para acesso à internet em 42,2% dos domicílios.
- ✓ *Tablets* são utilizados em 9,9% dos domicílios.

Esses dados divulgados pelo IBGE são de responsabilidade do Módulo de Tecnologia de Informação e Comunicação (TIC), sendo coletados nas visitas realizadas pela Pesquisa Nacional por Amostra de Domicílios (PNAD).

Conforme tabela a seguir, a divisão do uso de internet pelas regiões do Brasil se encontra da seguinte forma:

Tabela 24.2. Uso da internet nos domicílios por região.
Fonte: Nery; Britto (2022).

Uso de internet nos domicílios		
Região	**2019**	**2021**
Nordeste	75,8%	85,2%
Norte	77,0%	85,5%
Centro-Oeste	87,7%	93,4%
Sudeste	88,60%	92,50%
Sul	86,60%	91,50%

Hoje 89,62% dos domicílios no Brasil têm acesso à internet, sendo puxados fortemente pelo uso de dispositivos móveis. Pode-se então concluir que a população brasileira está extremamente digitalizada e o potencial de uso dessas pessoas no digital é francamente explorado, indicando que estamos chegando muito perto do ponto de supressão do mercado, ou seja, em seu pico máximo mais de 90% dos domicílios terão acesso à internet.

Gastos e investimentos de TI pelas empresas brasileiras

Seguindo com o levantamento realizado pela instituição FGV (MEIRELLES, 2022), é possível analisar melhor os dados de uso de tecnologia pelas empresas no país. Os investimentos em tecnologia seguem em franca expansão, ainda mais impulsionados pela pandemia no ano de 2020, que obrigou as empresas brasileiras a se adequarem ao digital de forma extremamente acelerada.

De acordo com Meirelles (2022, p.142), responsável pela pesquisa realizada pela FGV:

> *Trabalhar, estudar de forma híbrida ou blended continuará a aumentar o uso e a venda de dispositivos digitais? A tendência é que sim. Em 2022 estima-se um crescimento perto de 10%. Acreditamos que o isolamento, ensino e o trabalho à distância da pandemia vão deixar marcas permanentes na forma com que transacionamos, vivemos e enxergamos a TI e deverá resultar em um modelo que combina o presencial com o remoto (blended e não híbrido) em uma solução que integra e potencializa as capacidades humanas com as digitais.*

Os gastos e investimentos em tecnologia no Brasil hoje representam 8,7% da receita das empresas, representando um crescimento expressivo entre 2021 e 2022 em aspectos como maturidade, relevância e valor.

É possível realizar a análise histórica dos dados de evolução dos gastos e investimento em tecnologias da seguinte forma:

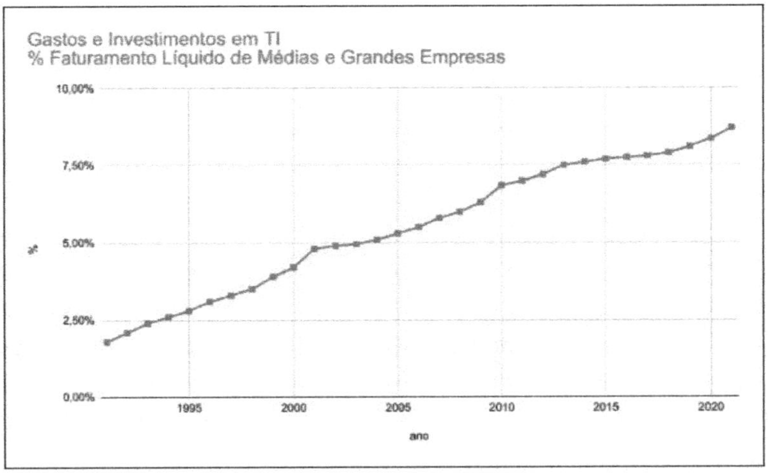

Figura 24.1. Gastos e investimentos em TI % faturamento líquido. Fonte: Meirelles (2022).

Para se ter uma ideia do quanto isso é significativo, pode-se comparar o índice de investimento das empresas brasileiras com outros países do mundo, conforme observado na tabela:

Tabela 24.3. Gastos e investimentos com TI como % da receita. Fonte: Meirelles (2022).

Gastos e investimentos com TI como % da receita – valores por região ou país						
Região/País	1994	2000	2006	2012	2018	2022
Estados Unidos	5%	8%	9%	12%	13%	14%
Europa	4%	5%	6%	8%	9%	10%
Brasil	3%	4%	5%	7%	8%	9%
América Latina	2%	3%	4%	6%	7%	8%
Ásia e terceiro mundo	1%	2%	3%	4%	6%	7%

Os números demonstram que os países mais desenvolvidos têm um investimento superior em tecnologia se comparado ao investimento nacional, porém o Brasil tem um investimento maior se comparado a países de terceiro mundo e América Latina.

A pesquisa da FGV também traz informações interessantes sobre a correlação dos números com investimento de capital por grandes empresas. Por exemplo, nos Estados Unidos, 60% desse capital tem sido aportado em TI; já nos demais países desenvolvidos, cerca de 50%; e quando se fala sobre o Brasil, cerca de 55% do investimento de capital em grandes empresas tem sido aportado em tecnologia.

Hoje o Brasil vem se tornando uma sociedade cada vez mais digital – setores como financeiro e agronegócio vêm na vanguarda, onde são referências mundiais na aplicação da tecnologia. O crescimento do investimento em tecnologia no Brasil vem sendo puxado por uma onda de transformação digital que atinge as grandes e médias empresas no país.

Mas qual é o papel das APIs nisso tudo? Como elas podem gerar valor às empresas e a todo o ecossistema de tecnologia no Brasil? As APIs têm um papel especial nesse ecossistema e na geração de novos negócios, que será explorado nos cinco cenários a seguir.

APIs para conexão de ecossistemas e integrações

Já imaginou habilitar novas capacidades para o seu negócio sem a necessidade de desenvolver milhares de linhas de código? Aqui está uma bela opção! O uso de APIs como modelo de integração preenchendo o ecossistema de capacidades do seu negócio pode prover novas funcionalidades e informações e criar um ecossistema de colaboração entre diversos aplicativos.

Considere o seguinte cenário: a empresa XYZ é uma famosa indústria de moda, provendo seus produtos para todo o território nacional, com diversas lojas físicas realizando a venda de seus produtos.

Seus clientes estão sofrendo para realizar a entrada de seus pedidos com os representantes comerciais da empresa XYZ, pois eles aparecem fisicamente para retirar os novos pedidos somente a cada 30 dias.

Para resolver esse problema, a empresa está desenvolvendo um *e-commerce* específico para o atacado. Os clientes da empresa XYZ poderão criar os pedidos diretamente no site e realizar o pagamento e parcelamento de suas compras. Atualmente a empresa conta com o seguinte ecossistema de tecnologias para executar os seus processos:

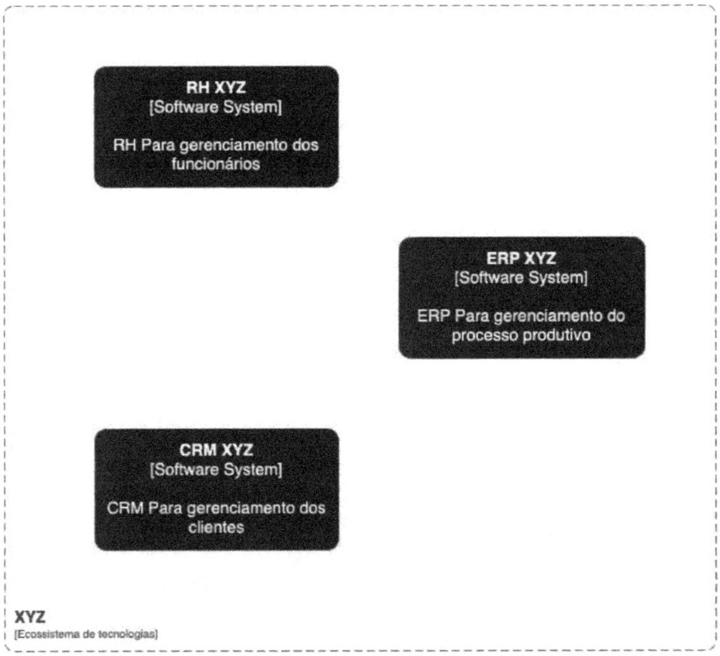

Figura 24.2. Ecossistema de software da empresa XYZ.
Fonte: o autor.

Hoje não existe a necessidade de realizar nenhuma integração entre os sistemas da empresa, o atendimento aos clientes é realizado via CRM e os pedidos são digitados diretamente no ERP da empresa.

Com a chegada do *e-commerce*, será necessário realizar diversas integrações via API para habilitar essas capacidades na empresa, ficando da seguinte forma:

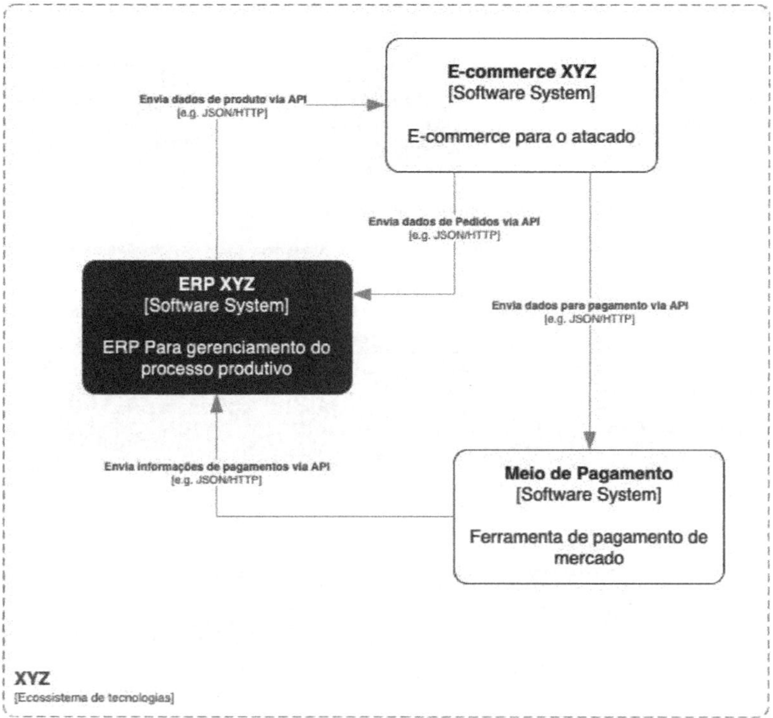

Figura 24.3. Visão futura de solução para a empresa XYZ.
Fonte: o autor.

Graças ao uso de APIs, a empresa agora é capaz de acelerar o desenvolvimento e estender suas capacidades para o *on-line*, utilizando produtos de mercado para complementar suas capacidades e criando um ecossistema colaborativo entre diversos softwares que disponibilizam uma solução única e integrada ao cliente final.

Economia de APIs e APIs como plataforma

Segundo artigo do Gartner (PETTEY, 2016), a economia de APIs é um facilitador para transformar uma empresa ou organização em uma plataforma, pois permite que ecossistemas de negócios se conectem dentro e fora da empresa, facilitando a criação de serviços para todos.

Um bom exemplo de como plataformas de APIs podem gerar novos produtos e serviços é a criação do Uber. A empresa utiliza a plataforma de APIs do Google Maps para criar um modelo de negócio que conecta motoristas a passageiros, criando um novo mercado baseado em conectividade entre ecossistemas de empresas distintas.

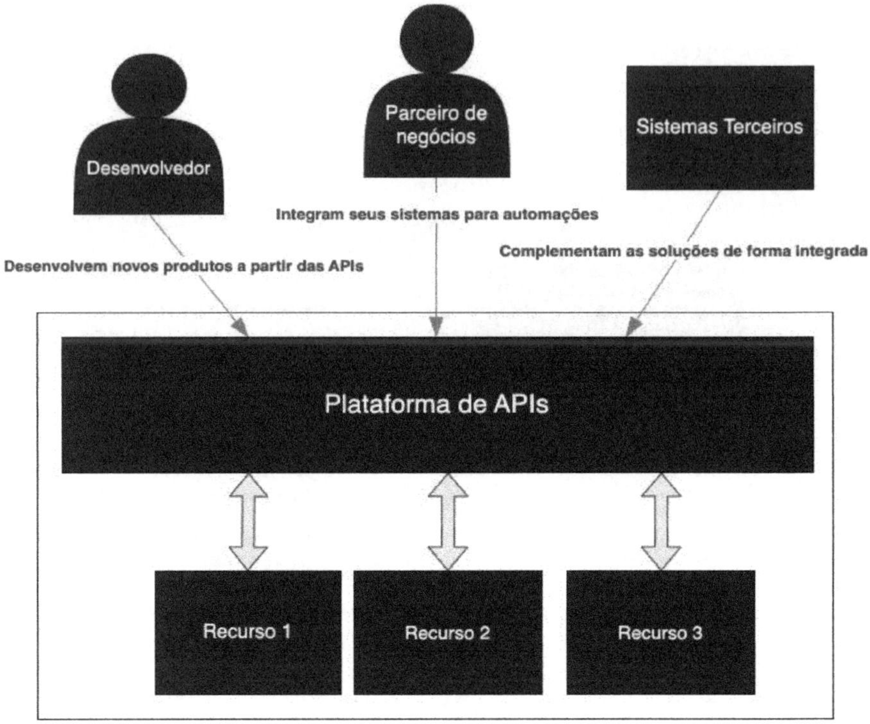

Figura 24.4. Plataforma de APIs.
Fonte: o autor.

Conforme imagem anterior, a ideia central é prover uma plataforma onde os recursos da empresa são expostos através de uma estratégia de APIs, permitindo que diversos atores gerem valor através do uso das APIs.

Nesse cenário, existe a possibilidade de que outros desenvolvedores gerem produtos a partir das APIs expostas, assim como é possível conectar parceiros de negócio ao ecossistema para gerar automações e integrar cadeias de valor que antes não eram conectadas, ou até mesmo complementar as capacidades das empresas integrando sistemas terceiros em infraestruturas distintas, agregando novos processos à empresa.

APIs para coleta de dados em *big data* e *analytics*

As APIs estão sendo utilizadas massivamente para a coleta e análise de dados. As APIs são uma ótima forma de coletar dados para gerar *insights* sobre a representatividade do negócio – por exemplo, coletando informações de redes sociais, produtos e tendências de mercado.

Por exemplo, segundo a pesquisa "Digital 2022 Global Overview Report" (KEMP, 2022), publicada em parceria entre as empresas We Are Social e Hootsuite, hoje temos cerca de 4,95 bilhões de pessoas conectadas à internet, sendo que 4,62 bilhões de pessoas usam redes sociais. Isso representa 58,4% de toda a população mundial.

Já no Brasil, segundo o relatório, 79,9% da população está conectada às redes sociais, sendo que os brasileiros conectados gastam em média 03:26 horas conectados às suas redes.

Todas essas informações são extremamente valiosas para todos os tipos de negócio: existem diversas formas de coletar informações do uso de redes sociais. Basicamente todas elas possuem APIs para automação e coleta de dados.

As redes sociais são exemplo de informações importantes que podem ser capturadas na internet para complementar os dados analíticos de uma empresa, porém existem outras diversas fontes de dados para explorar e agregar ainda mais valor aos dados, possibilitando o cruzamento de informações do mundo externo e interno da empresa, gerando uma nova era de indicadores de negócios.

APIs para IoT

Segundo o glossário de termos exposto pelo Gartner (s.d.), *Internet Of Things* ou IoT é uma rede de objetos físicos com tecnologia incorporada para se comunicar e sentir ou interagir sobre o seus estados internos ou com seu ambiente externo.

Os desafios de criar uma estratégia de IoT passa certamente pelo uso de APIs para centralizar as informações coletadas pelos dispositivos e processá-las em um ambiente em nuvem, por exemplo. Isso demanda habilidades e estratégias de APIs muito bem desenhadas.

Conectar dispositivos em redes para coleta de dados exige estratégias não convencionais de API, utilização de outros tipos de protocolos, como MQTT, para conexão e troca de mensagens, além de habilidades com recursos escassos de hardware.

Diversas plataformas de nuvem publicam suas próprias ferramentas para criar uma plataforma de IoT. A Amazon (AWS), por exemplo, publica seus próprios SDKs e recursos para criação e conexão de ecossistemas de dispositivos, além de possuir uma proposta de arquitetura de referência para implementação das soluções.

O Brasil tem destaque no uso de soluções de IoT, principalmente no setor de agronegócio, onde esse tipo de tecnologia vem sendo aplicada massivamente com intuito de otimizar ao máximo os processos de produção. O país é referência mundial em produção de tecnologia para o agronegócio.

APIs em tecnologias descentralizadas

Segundo a pesquisa "Digital 2022 Global Overview Report" (KEMP, 2022), o Brasil está em oitavo lugar no uso de criptomoedas, ou seja, 15,6% da população é dona de alguma forma de criptoativo.

Soluções em rede de forma descentralizada, conhecidas popularmente como *blockchain*, estão sendo listadas como principal vetor para a próxima revolução da internet, a conhecida *web3*.

As APIs têm o papel fundamental de conectar esses ecossistemas e prover informações de uso e estado das redes descentralizadas. Quanto mais descentralizado o cenário, mesmo que interno em uma companhia, maior a responsabilidade no uso de APIs.

É sabido que existem inúmeras outras aplicações para o uso de APIs, porém vale ressaltar que o significado das APIs para o seu negócio está intrinsecamente ligado ao seu modelo de negócio. Por isso, uma boa avaliação do modelo do uso de APIs é de extrema importância antes de definir uma estratégia, sendo ela de plataformas abertas para desenvolvedores ou integrações para coleta de dados e *big data*. De uma forma ou de outra, elas farão parte do dia a dia dos times de tecnologia e devem ser tratadas como ativos estratégicos para conquista dos objetivos de negócio.

25. Monetização de APIs

Marilyn Hahn

A monetização de APIs (Interface de Programação de Aplicações) acontece quando uma empresa gera receita através de suas APIs, seja direta ou indiretamente. Apesar do conceito simples, há diversos fatores que devem ser considerados no momento de incorporar essa linha de receita no negócio, desde a facilidade da integração até qual o modelo de precificação que será utilizado.

Segundo o *report* da Slashdata (2020), cerca de 90% dos desenvolvedores no mundo usam APIs em algum estágio do desenvolvimento. Dessa fatia, 70% usam APIs de terceiros e 20% APIs internas ou proprietárias, ou seja, mais da metade das empresas que utilizam APIs busca soluções no mercado para complementar sua oferta de valor, aumentar o portfólio e até reduzir custos e ganhar eficiência operacional.

Com a pandemia do COVID-19 e a reorganização do consumo mundial, vimos a urgência de todos os segmentos da economia para acelerar a transformação digital. A *API economy*, ou economia das APIs, permitiu às empresas alocar mais tempo e energia na estratégia de negócios do que desenvolvendo tecnologias que não necessariamente fazem parte do seu *core business*, mas que destravam propostas de valor únicas inerentes a ele.

Um exemplo disso são empresas de varejo que integram APIs de meios de pagamento como uma forma de tornar a experiência de compra mais cômoda, ágil e *on-line*. Prover opções de pagamento como boleto, PIX e até mesmo cartão de crédito não faz parte do modelo de negócios do varejista, porém ele pode integrar seu sistema a fornecedores de meios de pagamento para viabilizar uma jornada digital aos seus clientes, aumentando o alcance e a conversão da venda.

Frente a esse cenário, cada vez mais empresas têm investido em uma estratégia de APIs como produto, com foco na escalabilidade e monetização das suas soluções. Incorporar esse modelo demanda, porém, uma série de tomadas de decisão para escolher os caminhos que melhor conversam com o negócio, como o padrão de precificação, a escolha de funcionalidades mínimas para suporte ao usuário e até mesmo as métricas de sucesso.

Escolhendo o modelo de precificação

Quem nunca teve contato com o mundo das APIs surpreende-se ao deparar com os diversos modelos de precificação possíveis. Escolher um ou vários deles para compor a estratégia de portfólio depende muito do serviço ofertado e da visão de longo prazo da companhia. Dessa forma, é primordial que, além da estratégia de ida ao mercado, a empresa tenha testado os modelos antes de trabalhar seu funil de vendas.

Modelo gratuito

Neste modelo, desenvolvedores têm acesso às APIs de forma gratuita. Este formato é usado geralmente quando a empresa está testando novos produtos ou nichos de mercado e libera uma primeira versão básica das APIs para validar o produto. Havendo engajamento, lança a API com novas funcionalidades e ela provavelmente vira um serviço pago.

Outra forma de usar o modelo gratuito é limitando-o a determinado volume de chamadas de API: a partir do momento em que o desenvolvedor passar dessa faixa de uso, entra em um plano pago. O serviço da API do Google Maps, por exemplo, é gratuito, porém há um limite – em torno de 2.500 chamadas de graça por dia. Tal quantia pode parecer significativa, mas não para empresas de grande porte, o que faz com que o Google venda pacotes de chamadas de APIs.

Outro exemplo de APIs no modelo gratuito ou *freemium* são as do Facebook, que vê valor em expô-las no mercado mesmo sem monetizar para mapear comportamentos dos usuários em outras plataformas.

Pagamento pelos usuários

Modelo em que os usuários pagarão pela assinatura das APIs. Neste modelo há várias formas de cobrança:

- ✓ ***Pay as you go* (pague apenas pelo que você usa):** neste caso não há uma tarifa mínima mensal ou trimestral; o usuário é cobrado apenas quando uma API é chamada. Os provedores fazem a cobrança com base no custo e no lucro definidos. O Amazon Web Services (AWS), serviço de nuvem da Amazon, também é um exemplo de estratégia que cobra por chamadas, nesse caso chamadas do tipo "pay-as-you-go", o que significa que o desenvolvedor paga proporcionalmente pela quantidade de APIs que ele usar. Normalmente o valor é calculado levando em consideração o número de chamadas de APIs ou volume de dados utilizado.
- ✓ ***Tiered* ou por faixa:** o usuário paga pelo volume de chamadas realizadas na faixa correspondente. Por exemplo, ele paga um valor fixo de R$ 1.000 no mês se fizer de 0 a 5 mil chamadas de uma determinada API. Se ele passar do volume contratado, paga por chamada extra um preço maior do que o que está nas faixas. Vide exemplo:

Tabela 25.1. Exemplo de pagamento por faixa.
Fonte: a autora.

Chamadas realizadas	Tarifa mínima
0-5.000	R$ 1.000
5.000-10.000	R$ 1.800
10.000-20.000	R$ 3.800
Chamada extra	R$ 0,35

Este modelo é muito utilizado por empresas que precisam que seus clientes lhes deem previsibilidade de consumo, como, por exemplo, empresas de *software as a service* (SaaS).

- ✓ ***Transaction fee* ou taxa sobre transação:** é um modelo geralmente utilizado por *fintechs* como empresas de *banking as a service* (BaaS), *gateways* de pagamento, adquirentes, entre outras. O usuário paga uma porcentagem do valor da transação, ou seja, se realizar uma transação de R$ 100 e a taxa for de 3%, deverá pagar R$ 3 adicionais ao valor da transação para realizá-la.

Pagamentos para os usuários

- ✓ ***Revenue share* (compartilhamento da receita):** neste caso, os desenvolvedores recebem uma parte de cada receita gerada pelas APIs.
- ✓ ***Affiliate* ou afiliação:** este modelo é bastante similar ao dos anúncios do Google, ou seja, são espaços em *websites* que pertencem aos ecossistemas de

APIs. A receita pode vir por aquisição de usuários (*Cost per Acquisition* – CPA) ou por clique (*Cost per Click* – CPC). Esse tipo de remuneração é utilizado como parte de uma estratégia para geração de tráfego utilizando sites como parceiros.

Monetização indireta

A monetização indireta das APIs nem sempre envolve geração de lucros com o acesso à API, mas pode gerar outro tipo de valor agregado de forma indireta:

- ✓ **Geração de tráfego:** gerar *hyperlinks* direcionados em sites ou aplicações por meio de APIs pode aumentar muito o alcance da marca.
- ✓ **SaaS:** muitas plataformas de *software as a service* (SaaS) incorporam APIs com o objetivo de complementar a solução. O provedor de API consegue aumentar seu alcance, atingindo uma base qualificada, e a plataforma gera igualmente mais engajamento e reforça o conceito de *one-stop-shop*, ou seja, o consumidor não precisa necessariamente sair da plataforma para consumir outros serviços.

API como produto

Don't make APIs your business. Make your business with APIs. (Eric Wilde)

Desenvolver uma API como produto significa muito mais do que disponibilizar uma documentação clara e intuitiva para os usuários: os times precisam entender as necessidades dos seus clientes internos e externos e tornar o serviço atraente em termos de design e experiência de integração. Além disso, dinâmicas de coleta de *feedbacks* e testes devem ser consideradas, já que uma API pode gerar diversos cenários de erros durante o uso, os quais nem sempre foram devidamente mapeados durante o desenvolvimento.

Outro ponto é que, uma vez que uma API é lançada ao mercado, é necessário estar atento para sua manutenção e suporte aos usuários; será a cultura da API como produto que irá diferenciá-la em meio aos mais de dois milhões de repositórios existentes hoje no GitHub.

Dessa forma, existem algumas características-chave para a monetização das APIs se tornar de fato uma estratégia de sucesso, evitando o não engajamento na plataforma e até mesmo o *churn* de clientes. Vejamos a seguir.

Integração fácil e intuitiva e suporte disponível

A documentação das APIs é o cartão de visita de qualquer API como serviço. Prover documentação aberta, clara, com todos os detalhes técnicos para a integração, nomenclatura padronizada, boas práticas de utilização e tutoriais é requisito básico para atrair o principal decisor da compra: o desenvolvedor.

Outro fator importante no momento da integração é a disponibilidade de um ambiente de testes: o usuário precisa estressar o serviço de forma segura com base em seus casos de uso e os cenários possíveis em um ambiente de *sandbox*.

Por fim, o tempo de integração é fator de sucesso para uma boa experiência. Quando a Stripe lançou seus serviços em 2010, um dos grandes diferenciais e fontes de sucesso da plataforma era que, se antes eram necessárias semanas para integrar qualquer meio de pagamento, com suas APIs eram necessárias apenas "sete linhas de código".

Por fim, é importante entender que a jornada do cliente não termina quando é finalizada a integração. Um suporte disponível e com time qualificado é primordial, principalmente para alguns serviços críticos. A AWS é um grande exemplo disso: além de possuir uma equipe altamente especializada no atendimento ao cliente, a empresa mantém atualizada uma página de status com o nível de disponibilidade dos seus serviços por região.

Segurança

De acordo com a Salt Securities (SALT LABS, 2022), empresa americana líder em segurança de APIs, em 2020 cerca de 91% das empresas alegaram ter tido ao menos um incidente envolvendo questões de segurança de APIs. Os principais riscos no seu gerenciamento estão associados a quebra do controle de acesso, falhas criptográficas e design inseguro.

Dessa forma, algumas boas práticas são essenciais antes de lançar APIs no mercado, como aplicação de criptografias, protocolos HTTPS e fatores de autenticação. Por transitar um grande volume de dados, as APIs são alvo constante de ataques de segurança, por isso o desenvolvimento seguro é essencial para garantir a integridade do serviço.

Métricas para o sucesso

O monitoramento das APIs é primordial para identificar comportamentos maliciosos, vazamento de dados e fazer uma gestão segura do portfólio. Mas é também importante para monitorar a disponibilidade e o desempenho das próprias APIs na camada gerencial do negócio, monitorar as vendas dos serviços e assegurar a recorrência para evitar o *churn*.

Medir os padrões de uso das APIs pode, por exemplo, ser o termômetro para saber quanto elas devem valer tanto no curto quanto no longo prazo. Por exemplo, se a empresa vende as APIs no modelo de subscrição com limites de chamada por faixa, você precisa saber quando os clientes atingiram esse limite e se o cálculo inicial da faixa faz sentido para aquele tamanho de cliente.

Outro ponto interessante é que, se nas métricas for possível ver que alguns clientes usam muito uma funcionalidade que está inserida em um serviço, pode ser mais rentável fazer o *spin off* da API e modularizá-la, criando uma nova possibilidade de integração.

Casos de uso de sucesso

Ebay

Em 2021, o Ebay tornou-se um caso emblemático ao afirmar ter gerado mais de cinco bilhões de dólares de receita com suas APIs desde 2015. A empresa atribui o sucesso do *case* ao modelo *Know Your Developer* (KYD) ou conheça seu desenvolvedor, utilizado para desenhar e implementar as APIs em quatro grupos: *Sell APIs*, *Buy APIs*, *E-commerce APIs* e *Developer APIs*.

A taxonomia criada foi fundamental para aplicar proposta de valor à jornada de cada uma dessas personas e contextos de uso:

- ✓ ***Sell APIs***: funcionalidades criadas para a jornada do usuário vendedor de produtos dentro da plataforma.
- ✓ ***Buy APIs***: permite que os parceiros da plataforma possam realizar a correta curadoria dos produtos que mais se encaixam no seu modelo de negócios. Aqui, é possível até mesmo que os usuários finais dos parceiros possam transacionar de forma transparente, sem acessar o site do Ebay diretamente.

- ✓ ***E-commerce APIs***: conjunto de APIs que possuem funcionalidades comuns tanto para vendedores quanto para compradores.
- ✓ ***Developer APIs***: APIs com funcionalidades de integração, como, por exemplo, para que o desenvolvedor possa saber o limite ou a quantidade de dados utilizados nas chamadas.

Adicionalmente, o Ebay realiza rodadas de *feedback* para os seus *beta users*, além de *workshops* para mapear melhorias de implantação e operação.

Stripe

Considerada uma das *startups* mais valiosas do mundo, o caso de uso da Stripe, que oferta APIs de meios de pagamento, sempre foi pautado na alta qualidade da sua tecnologia e na fluidez da integração e da operação.

Em vez de gastar semanas de desenvolvimento para integrar meios de pagamento às suas plataformas, os usuários da Stripe precisam apenas digitar o que seriam as famosas "sete linhas de código" para lançar uma solução de pagamento por cartão de crédito, por exemplo, em sua plataforma.

Para isso, os irmãos Collison, fundadores da empresa, passaram dois anos testando as APIs frente aos mais diversos cenários. E foram, através disso, construindo relacionamentos com empresas de cartão de crédito, bancos e outras instituições reguladas.

Walgreens

É muito interessante ver uma empresa tradicional na lista de casos de uso de sucesso no desenvolvimento de APIs. É justamente a habilidade da Walgreens de integrar tecnologia a jornadas já existentes dos seus clientes no mundo físico que faz com que o caso da empresa seja tão inovador. A primeira API desenvolvida pela Walgreens foi chamada de *QuickPrints* e permitia que os usuários enviassem fotos de seus celulares para revelar em uma das mais de 8.200 lojas da rede.

Mas isso foi só o começo. Essa primeira API da Walgreens destravou uma série de novas estratégias de marketing. A empresa abriu sua plataforma para que desenvolvedores do mundo inteiro pudessem participar do desenvolvimento de novos produtos e criou uma plataforma global de cadastro de novos parceiros. Em 2021, os clientes da Walgreens gastaram 600% mais *on-line* do que nas lojas físicas.

A dica do CTO da Walgreens, Abhi Dhar, para o sucesso da implantação de estratégia via APIs não é a tecnologia ou apenas a estratégia do negócio, mas focar no que realmente gera valor para o usuário final e assim destravar de forma incremental novas possibilidades dentro da plataforma.

Skyscanner

Todo ano, a empresa RapidAPI (*hub* que provê milhares de APIs de terceiros para conexão) lança a lista das 50 APIs mais populares da sua plataforma. Em 2021, a API da Skyscanner, que agrega metadados para a busca de voos, hotéis, aluguel de carros, entre outros, ficou novamente em primeiro lugar, repetindo os resultados dos últimos anos.

A Skyscanner não cobra pelo uso das APIs diretamente, ou seja, seus parceiros utilizam as funcionalidades de forma gratuita. Porém, toda vez que um usuário clicar em uma oferta (custo por clique) ou comprar uma dessas ofertas (custo por aquisição), uma taxa é cobrada.

Conclusão

A *API economy* trouxe uma nova dinâmica para acelerar a transformação digital. A possibilidade de acoplar serviços de mercado via API para dar velocidade à resolução das dores de uma empresa é uma realidade. Essa interação, porém, não deve ser unilateral: a base da economia das APIs é que empresas possam desenvolver soluções integradas a outras, mantendo o foco na sua área de atuação.

Nesse sentido, a especialização dos serviços fica ainda maior, havendo novas possibilidades de ganho de mercado e receita. Neste capítulo, falamos sobre os principais pontos para a "produtização" e monetização das APIs, desde a escolha do correto modelo de precificação e ida ao mercado até questões primordiais de operação, como boas práticas de segurança e integração, atendimento e suporte e até a importância de ter estabelecidas as métricas de sucesso.

Há um mercado potencial gigantesco para a *API economy*, porém, como todo e qualquer novo produto, é necessário estabelecer um plano de negócios adequado para garantir a longevidade da solução e, de fato, torná-la uma linha de receita na companhia.

26. API e *open finance* no mundo e no Brasil

Mari Tsuguta Sekine

O *open banking* surgiu na Europa e o Reino Unido foi o primeiro país a adotá-lo. Desde então o *open banking* está mudando a forma como utilizamos serviços bancários no mundo e seu mercado está crescendo constantemente. De acordo com relatório publicado pela Allied Market Research, intitulado "Open Banking Market" (KANHAIYA; SOURABH; VINEET, 2022), "o mercado de *open banking* foi avaliado em US$ 13,9 bilhões em 2020 e estima-se que chegue a US$ 123,7 bilhões em 2031, a uma taxa de crescimento anual de 22,3% a partir de 2022 até 2031".

No Brasil, o Banco Central começou a debater o tema em 2018. Através do Comunicado nº 33.455, emitido em 24 de abril de 2019 (BANCO CENTRAL DO BRASIL, 2019), divulgou os requisitos fundamentais para implementação do *open banking*. Em 04 de maio de 2020, o Banco Central publicou a Resolução conjunta nº 1 e a Circular n° 4.015 determinando as quatro fases de implementação do *open banking*:

- ✓ **Fase 1 – início 01/02/2021 – em operação** – Instituições participantes disponibilizando ao público informações padronizadas sobre os seus canais de atendimento e as características de produtos e serviços bancários tradicionais que oferecem. Nesta fase, não será compartilhado nenhum dado de cliente.
- ✓ **Fase 2 – início 13/08/2021 – em operação** – A partir desta fase, os clientes poderão solicitar compartilhamento de dados cadastrais e transacionais sobre serviços bancários tradicionais (contas, crédito e pagamentos). O compartilhamento ocorre apenas se a pessoa autorizar, sempre para finalidades determinadas e por um prazo específico. E será possível para o cliente cancelar essa autorização a qualquer momento em qualquer das instituições envolvidas no compartilhamento.
- ✓ **Fase 3 – início 29/10/2021 – em operação para instituições validadas pela estrutura central do *open finance*** – Acesso a serviços financeiros, como pagamentos e encaminhamento de propostas de crédito, sem a necessidade de acessar os canais das instituições financeiras com as quais você já tem relacionamento.

- ✓ **Fase 4 – início 15/12/2021 – *on hold* em detrimento do amadurecimento das fases 2 e 3** – Compartilhamento de informações sobre produtos de investimentos, previdência, seguros, câmbio, entre outros, ofertados e distribuídos no mercado.

Desde 24 de março de 2022 o *open banking* passou a ser *open finance*, quando o Banco Central publicou a Resolução Conjunta nº 4: "O Sistema Financeiro Aberto".

Segundo o Bacen (BANCO CENTRAL DO BRASIL, 2022):

> *O Open Finance é a ampliação do Open Banking. O projeto mudou de nome para mostrar a sua maior abrangência, que inclui não somente informações sobre produtos e serviços financeiros mais tradicionais (como contas e operações de crédito), mas também dados de produtos e serviços de câmbio, credenciamento, investimentos, seguros e previdência.*

Mas, afinal, o que é *open finance*?

> *O Open Finance, ou sistema financeiro aberto, é a possibilidade de clientes de produtos e serviços financeiros permitirem o compartilhamento de suas informações entre diferentes instituições autorizadas pelo Banco Central e a movimentação de suas contas bancárias a partir de diferentes plataformas de forma segura, ágil, gratuita e conveniente. (BANCO CENTRAL DO BRASIL, 2022)*

O *open finance* tem como objetivo trazer inovação ao sistema financeiro, promover a concorrência e melhorar a oferta de produtos e serviços financeiros para o consumidor.

Além disso, o *open finance* permite que os bancos comercializem sua infraestrutura por meio do uso de APIs, fornecendo serviços essenciais para *fintechs* e outros terceiros, conhecido como BaaS (*Bank as a Service*). Somente as instituições financeiras e demais instituições autorizadas a funcionar pelo Banco Central podem participar do ecossistema do *open finance*. Entre esse universo de instituições, no entanto, a regulamentação prevê participantes obrigatórios e voluntários, a depender do porte da instituição e do dado ou serviço que está sendo compartilhado. Os maiores bancos, por exemplo, são participantes obrigatórios do *open finance* para o compartilhamento de dados.

E o que os clientes ganham com isso?

Um exemplo é obter taxa reduzida para realizar um empréstimo. Se um banco conhece o histórico financeiro do cliente e este cliente é um bom pagador, possui investimentos, a taxa pode ser reduzida, diferentemente de um banco que não conhece a vida financeira do cliente. Outro exemplo é o aumento do limite do cartão de crédito. Com o *open finance* você pode compartilhar sua vida financeira com outros bancos com os quais você possui relacionamento. Isso trará mais competição e o cliente é o maior beneficiado, pois terá ofertas de melhores produtos e serviços com taxas e tarifas mais baixas, além de ajudar o cliente a organizar sua vida financeira com o serviço de gerenciador financeiro. Tudo isso é possível através das APIs!

APIs são a base do *open finance*. Elas são fundamentais para a troca de informações entre sistemas das instituições financeiras participantes. A documentação é pública e acessível através do *link* <https://openfinancebrasil.org.br/>. Além da documentação das APIs do *open finance*, podem ser encontrados outros elementos necessários à implementação do sistema financeiro aberto.

Para trocar informações sensíveis como dados bancários é necessária muita segurança. O *open banking* adotou o *Financial-grade API* (FAPI), que é um perfil *OAuth* altamente seguro que visa fornecer diretrizes de implementação específicas para segurança e interoperabilidade. É possível encontrar especificações de segurança na documentação disponível em: <https://openbanking-brasil.github.io/specs-seguranca/>.

Apesar de utilizar o perfil de segurança FAPI (API de nível financeiro), que exige uso de TLS mútuo para garantir que apenas participantes credenciados possam produzir e consumir as APIs, a principal barreira que o *open finance* vem enfrentando é a insegurança dos clientes em compartilhar seus dados, pois temos muitos casos de fraude nos meios eletrônicos. Quando os brasileiros ganharem confiança no *open finance*, assim como aconteceu no Reino Unido, veremos grande aumento de movimentações financeiras.

Isso porque o *open finance* incentiva a inovação e o surgimento de novos modelos de negócio, favorecendo a inclusão e a educação financeira da população, trazendo potencial aumento dos fluxos de receita e, ao mesmo tempo, a expansão do alcance do cliente para as instituições financeiras, pois permite que as empresas tenham maior conhecimento sobre o cliente e seus concorrentes, ofertando produtos e serviços personalizados e melhorando assim a experiência do cliente.

27. API e *open insurance*

Filipe da Silva Oliveira

Conhecer os numerosos serviços relacionados ao mercado de seguros é sempre um desafio para os utilizadores. Na maioria dos casos, dificilmente é possível entender os principais benefícios oferecidos. Esse mercado no geral inclui diversos aspectos da vida cotidiana, dentre eles seguros de casa, automóvel e viagens. Predominantemente, o mercado de seguros tornou-se restrito a grandes empresas e monopólios, ocasionando uma falta de concorrência que prejudica os próprios consumidores. Nesse contexto, o *open insurance* (**sistema de seguros aberto ou OPIN**) surge com a possibilidade de consumidores de produtos e serviços de seguros, previdência complementar aberta e capitalização permitirem o compartilhamento de suas informações. Isso acontece entre diferentes sociedades autorizadas/credenciadas por um órgão responsável de forma ágil, segura, conveniente e precisa.

Podemos definir *open insurance* como "um modelo de negócios inovador baseado em plataforma que fornece serviços para clientes, empresas de tecnologia, desenvolvedores, fornecedores e outros parceiros" (HE; LIU; XIAO, 2022). Segundo Tavares (2022), "o OPIN surgiu como uma forma de abertura de dados dentro do mercado segurador, com o intuito de favorecer o cliente dando a oportunidade dele aderir à proposta que faz mais sentido para as suas necessidades no momento".

Existem centenas de opções de seguros no mercado. Sem um mecanismo que consiga reunir todas as informações e enxugá-las, é praticamente impossível escolher dentre um montante de opções a melhor que se encaixe em um perfil de usuário em tempo útil de utilização. O *open insurance* "tem como foco a operacionalização e padronização do compartilhamento de dados e serviços por meio de abertura e integração de sistemas, com privacidade e segurança" (SUSEP, s.d.). Para fazer isso, um dos mecanismos tecnológicos que terá sua maior representatividade será a utilização das APIs em todo o processo de organização e construção dos dados e sistemas necessários.

O OPIN faz uso de APIs e outras tecnologias para compartilhar informações, algoritmos, transações, processos e outras funções de negócios. As APIs abertas possibilitam a integração entre plataformas e o compartilhamento de dados entre os aplicativos de seguro. Além disso, permitem a comunicação entre seguradoras, bancos, *insurtechs* e *startups*, cumprindo assim com os objetivos do OPIN com agilidade e segurança.

Neste capítulo, será apresentada parte do contexto do *open insurance*, com foco principal no que diz respeito à utilização das APIs na introdução do conceito no Brasil. Serão apresentadas também as possíveis soluções utilizando OPIN. Seguindo, será exposto o papel das APIs no contexto do OPIN no Brasil, além das fases da implementação desse conceito no país.

Soluções possíveis utilizando *open insurance*

Através das APIs abertas introduzidas no OPIN, "as empresas seguradoras e *insurtechs*, participantes desse mecanismo, poderão combinar *expertises* para, juntas, criar novas soluções a fim de oferecer algo que, separadas, não seria possível" (SUSEP, s.d.). Dentre as soluções possíveis utilizando OPIN, podemos citar:

- ✓ **Comparadores e *marketplaces*.** O desenvolvimento de aplicativos comparadores de produtos de diversas seguradoras em um só local será uma realidade. Com isso, o cidadão poderá fazer escolhas mais conscientes, podendo utilizar seus próprios dados pessoais para definição de produtos relacionados ao seu perfil.
- ✓ **Aplicações focadas em inovação e conveniência para consumidores.** Soluções tecnológicas surgirão para atender às necessidades dos consumidores. Tais aplicações farão a agregação das informações relativas à vida financeira em diferentes instituições (principalmente seguradoras), incluindo produtos de seguros, de previdência complementar e capitalização.
- ✓ **Abertura de chamados relacionados a seguros e previdência por meios digitais.** Serviços como a comunicação de uma ocorrência coberta por um seguro, portabilidade de previdência, entre outros, poderão ser realizados digitalmente.

Com a utilização das APIs, seguradoras, bancos e grandes empresas no geral poderão compartilhar seus sistemas, informações de clientes e produtos. A partir disso, existe a possibilidade de criar diversas aplicações em diferentes contextos, que contribuirão para a resolução de problemas dos próprios clientes.

O papel das APIs de *open insurance*

Em um ambiente onde o OPIN não está implementado, "geralmente as seguradoras não possuem acesso aos dados de outros clientes e precisam se basear em dados secundários, como, por exemplo, os índices de acidente na região do motorista, na tentativa de estimar o custo de um seguro automotivo" (MAIA, 2021). O OPIN propõe o compartilhamento de dados com a autorização dos consumidores. Com isso, as seguradoras poderão estudar o comportamento de cada cliente em específico, podendo tomar decisões individuais baseadas no histórico de quantas vezes ele precisou acionar o seguro em contratações anteriores com outras empresas. Assim, é esperado que, com a implantação do OPIN, aconteça uma mudança significativa no contexto de seguros.

Para que um ambiente obtenha os resultados propostos pelo OPIN e a troca de informações aconteça entre as sociedades participantes, será necessária a utilização das APIs como soluções de integração. "As APIs estão diretamente ligadas ao OPIN" (PEREIRA, 2022). Existem alguns tipos de APIs definidas quando se fala no desenvolvimento de APIs para o OPIN. Dentre elas:

- ✓ **Para produtos e serviços:** dá acesso a dados abertos que estão relacionados a produtos e serviços oferecidos por empresas.
- ✓ **Para canais de atendimento:** dá acesso a dados abertos relacionados aos canais de atendimento ao público. Ex.: APIs de redes sociais, *chats*, e-mail etc.
- ✓ **Para situação do ambiente:** dá acesso a dados sobre a disponibilidade atual das implementações das APIs, assim como também dá acesso a dados sobre indisponibilidades programadas.

Experiência do usuário, independência de tecnologia, segurança, extensibilidade, padrões abertos e APIs RESTful são alguns dos princípios que guiam as especificações e implementações de APIs do OPIN.

Open insurance no Brasil

O OPIN no Brasil é uma iniciativa da Superintendência de Seguros Privados (SUSEP), que possui como um dos principais objetivos "trazer inovação ao sistema de seguros, promover a concorrência e melhorar a oferta de produtos e serviços para o consumidor" (SUSEP, s.d.). No Brasil funcionará como uma plataforma integrada, onde dados e produtos das empresas participantes serão disponibilizados de forma padronizada através das APIs. Tal aplicabilidade promoverá a concorrência e ampliará a penetração das empresas, que passarão a ter maior cobertura na oferta de seus produtos.

De acordo com a Figura 27.1, a implementação do *open insurance* no Brasil está em andamento e acontecerá em três fases, que são explicadas a seguir:

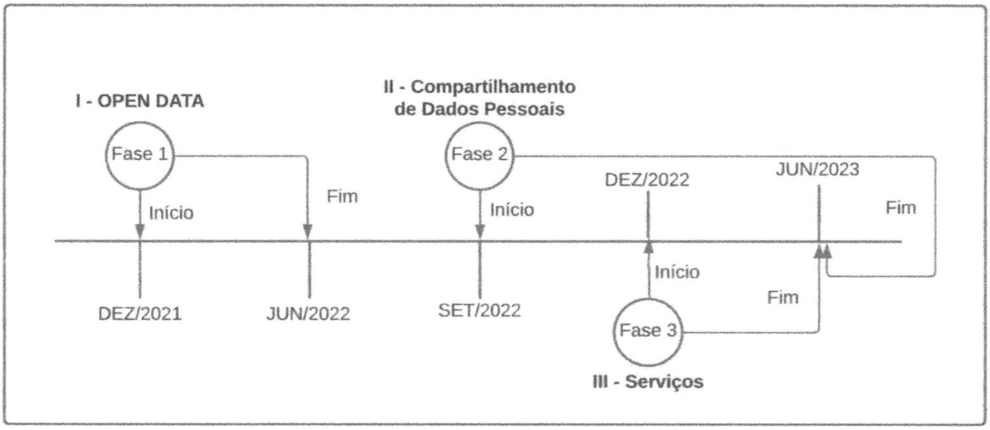

Figura 27.1. Fases do *open insurance*.
Fonte: o autor.

- ✓ **I – *Open data*:** Os dados são disponibilizados pelas seguradoras de forma padronizada. São compartilhadas informações de canais de atendimento e produtos e serviços. Nessa fase, podem surgir novas comparações de produtos e serviços financeiros.
- ✓ **II – Compartilhamento de dados pessoais:** as pessoas poderão compartilhar seus dados com as seguradoras de sua preferência. Os dados são autorizados por seu detentor, com possibilidade de revogação. Nesta fase, produtos e serviços mais personalizados e acessíveis podem ser acrescentados. Contudo, o compartilhamento de dados entre seguradoras só será possível por meio de consentimento do cliente.
- ✓ **III – Serviços:** os consumidores terão acesso a serviços destinados à experiência do cliente. Dentre esses serviços: iniciação de procedimentos relacionados à contratação de seguro; de plano de previdência complementar aberta ou de título de capitalização; endosso; resgate ou portabilidade de plano de previdência ou de capitalização; pagamento de sorteio; aviso de sinistro; entre outros. Nesta fase poderão ser enviadas e contratadas propostas de serviços como as citadas anteriormente.

Conforme as fases vão evoluindo, o *open insurance* avança para que mais dados, produtos e serviços sejam incorporados. No Brasil existe um portal que "operacionaliza e padroniza o compartilhamento de dados e serviços por meio de abertura e integração de sistemas" (OPEN INSURANCE BRASIL, s.d.). O sistema concentra todas as informações necessárias para utilização do *open insurance* no país. É possível encontrar também como funciona o OPIN, o andamento das fases de implementação e as orientações para as empresas desenvolverem suas APIs com base nos padrões da estrutura de governança.

Conclusão

Neste capítulo, foi apresentada parte da abordagem das APIs no contexto do *open insurance*. O conceito é atual e surgiu principalmente com a evolução dos bancos no que diz respeito à linha de compartilhamento de informações tanto de usuários internos como entre as próprias instituições bancárias. O OPIN será uma revolução no mercado de seguros e contribuirá diretamente para negociações entre seguradoras, bancos, *insurtechs*, *startups* e os próprios consumidores.

A proposta de funcionamento do *open insurance* só será possível através das APIs. Os princípios da utilização das APIs estão em comunhão direta com a proposta do *open insurance*. Sendo assim, pode-se dizer que o OPIN depende diretamente dessa tecnologia. As empresas participantes do OPIN criarão suas próprias APIs baseadas nos parâmetros de construção das agências reguladoras – no caso do Brasil, a SUSEP. Com a construção das APIs e a comunicação com os sistemas regulamentadores, as empresas terão acesso aos dados dos usuários e dos concorrentes, com base no consentimento entre as partes.

PARTE IV. ARQUITETURA NO USO DE APIS

28. Arquitetura corporativa e APIs

Paula Cristiane H. Silva

O livro é sobre APIs, mas iniciamos este capítulo falando de arquitetura corporativa e suas características. A ideia é dar contexto e argumentos para nosso objetivo principal: mostrar que a utilização de APIs na estratégia corporativa pode trazer ganhos reais para empresas privadas e públicas dos mais diversos ramos e tamanhos.

O que é arquitetura corporativa?

Existem diversos padrões, artigos e *frameworks* inteiros dedicados a explicar, detalhar e definir o escopo da arquitetura corporativa – e isso pode complicar quem faz uma busca inicial e rápida pelo assunto. Um dos principais grupos dedicados a esse tema é o *The Open Group*, um consórcio internacional de tecnologia focado em padrões.

No documento de padrões ***The TOGAF® Standard***, a arquitetura corporativa é definida inicialmente no ISO/IEC/IEEE 42010, em tradução nossa, como **"os conceitos fundamentais ou propriedades de um sistema em seu ambiente, materializados em elementos, relacionamentos e nos princípios de design e evolução"** (THE OPEN GROUP, 2018, p. 11).

O padrão TOGAF® utiliza essa definição e faz algumas adições de contexto, indicando que **"a estrutura de componentes, suas inter-relações e os princípios e diretrizes que governam o desenho e a evolução ao longo do tempo"** definem a arquitetura corporativa (THE OPEN GROUP, 2018, p. 11, também tradução nossa).

Observe nas definições citadas que a arquitetura corporativa **não está restrita ao escopo técnico**: quando se fala de princípios, diretrizes, evolução, não nos referimos apenas às áreas de tecnologia da empresa. O "sobrenome" corporativa adiciona à arquitetura uma ideia de **organização** de modo geral e leva em consideração a **estratégia de negócio**, o que está sendo oferecido aos clientes ao longo do tempo, tendo os **componentes tecnológicos como fundações estruturais sólidas dessa estratégia**.

O foco central da arquitetura corporativa não é, portanto, a tecnologia pela tecnologia, mas sim o **produto**, ou serviço, o que é ou será oferecido por determinada empresa. O grande desafio dessa equipe é entregar uma estratégia tecnológica que, além de prover os mecanismos necessários para sustentar as necessidades da empresa, seja capaz de alavancar, acelerar e até mesmo sugerir novos modelos de negócio – que não seriam possíveis sem as disciplinas da arquitetura corporativa.

Para ajudar a definir tópicos complexos, uma das atividades sugeridas em *Lean Inceptions* é o diagrama "É – Não é – Faz – Não Faz" (CAROLI, 2015). Para ilustrar e facilitar o entendimento sobre a arquitetura corporativa, trouxemos uma versão dessa atividade logo a seguir. Não pretendemos fechar uma definição, pelo contrário, queremos convidar você a questionar e completar o quadro, adicionando suas próprias percepções e dúvidas.

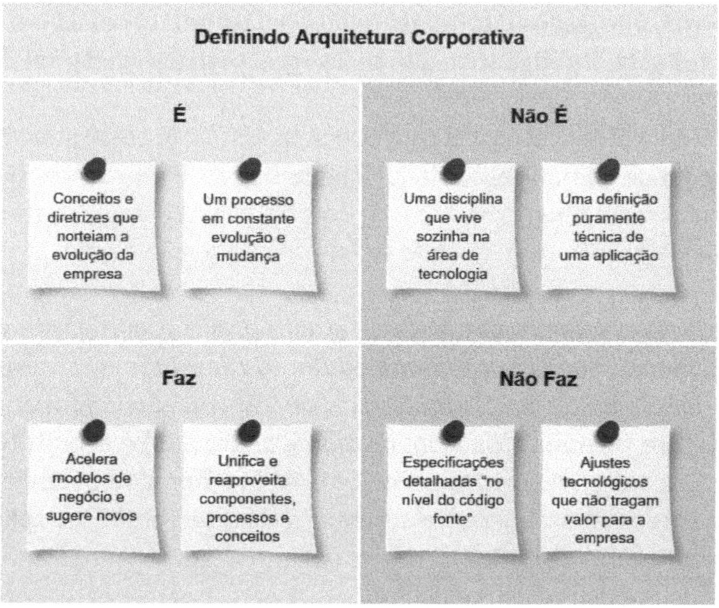

Figura 28.1. Quadro "É – Não é – Faz – Não Faz" sobre arquitetura corporativa. Fonte: a autora.

Pare a leitura por um instante e reflita: após as definições apresentadas, quais anotações você adicionaria a esse quadro?

E as APIs, onde se encaixam?

Além do TOGAF®, outro padrão que também conversa bastante com a arquitetura corporativa é o SAFe®, sigla em inglês para *Scaled Agile Framework*. Com um extenso conteúdo levando a prática dos métodos ágeis a todo o contexto corporativo, desde os times técnicos até os executivos da empresa, o conhecimento do SAFe® nos traz mais dois conceitos interessantes.

O primeiro deles é o *Agile Architecture*, "um conjunto de **valores, práticas e colaborações** que suportam o desenho e a arquitetura ativa e em evolução de um sistema". O segundo, o *Architectural Runway*, é uma trilha de "**código existente, componentes e infraestrutura técnica** necessários para implementar funcionalidades a curto prazo, sem atrasos e redesenho excessivos" (SCALED AGILE, 2021).

Desse foco em trazer a arquitetura corporativa para um dia a dia em constante evolução, reaproveitando componentes que contribuam para a entrega contínua de valor, unido à realidade de um mundo com modelos de negócio cada vez mais digitais, multiplataforma, integrados e totalmente *on-line*, surge a necessidade de uma **API corporativa robusta, inteligente e que se integre à estratégia digital da empresa**.

Mais do que requisições e respostas com operações HTTP (e possivelmente esse nem será o protocolo de comunicação daqui a alguns anos, como tantos outros que já foram superados ou melhorados), uma API corporativa deve **representar a empresa e a estratégia da arquitetura**, quando se fala de integração digital.

Os quatro principais grandes domínios da arquitetura corporativa, para detalhar e alcançar os objetivos que discutimos até então, são descritos como **arquitetura de negócio** (*business architecture*), **arquitetura de informação** (*information architecture*), **arquitetura de aplicações** (*application architecture*) e **arquitetura técnica** (*technical architecture*). A construção de uma API corporativa que seja **completa, útil e consistente** está totalmente relacionada a absorver, praticar e aplicar diversos aspectos dessas quatro disciplinas:

1. **Arquitetura de negócio:** o conjunto de operações de sua API corporativa deve suportar, acelerar e, principalmente, representar as operações digitais da sua empresa.
2. **Arquitetura de informação:** enquanto ferramenta de integração e fluxo de informações internas e externas, é fundamental que sua API corporativa atenda às necessidades, restrições e características da arquitetura de informação.

3. **Arquitetura de aplicações:** entenda que nem toda aplicação possui telas, e geralmente toda "tela" depende de um serviço de integração de informações como pano de fundo. O sucesso da sua estratégia de APIs está intimamente relacionado ao sucesso das aplicações e soluções da empresa e de parceiros.
4. **Arquitetura técnica:** de nada adiantará toda uma estratégia e um planejamento corporativo se, ao primeiro sinal de sucesso, seu sistema apresenta falhas, falta de performance ou escalabilidade. Apesar de destacarmos muito a integração com áreas fora de TI, a integração de APIs é um produto digital, totalmente dependente da qualidade do software que foi projetado e entregue.

Conhecida a importância de uma estratégia de API corporativa para nossa arquitetura, podemos avançar para pontos importantes ao desenvolver essa estratégia.

29. Desenvolvendo uma estratégia de API corporativa em cinco passos

Paula Cristiane H. Silva

Quando se fala sobre estratégia, uma das frases mais comuns encontradas pela internet é atribuída ao filósofo e estrategista de guerra chinês Sun Tzu: **"a estratégia sem tática é o caminho mais lento para a vitória. Tática sem estratégia é o ruído antes da derrota"**. Os historiadores não têm total certeza se Tzu foi uma só pessoa, nem se todas as citações atribuídas a ele são realmente de sua autoria, mas a reflexão sobre essa frase se mantém.

Estratégia e tática são complementares e fundamentais não só para as guerras da Antiguidade, mas também para o sucesso das mais diversas iniciativas contemporâneas – e isso inclui, por que não, sua API corporativa. Enquanto a estratégia é o plano traçado, o foco, o mapa abstrato que leva até o destino escolhido, a tática utiliza técnicas e práticas para executar com sucesso uma estratégia.

Ousando aplicar a sabedoria milenar chinesa na jornada deste livro, de nada adiantará um conjunto de desenvolvedores lerem os primeiros capítulos técnicos sobre as "táticas" de construção de APIs, caso não exista uma estratégia montada para essa construção. Por outro lado, a definição de uma estratégia feita por arquitetos, executivos e líderes de negócio, sem a devida tática bem praticada e executada, tende a transformar seu produto em uma "Guerra dos Cem Anos". Já que não desejamos nem uma coisa nem outra para as nossas APIs, esse é o primeiro passo:

Passo 1 – Monte uma estratégia digital robusta, duradoura e totalmente alinhada ao negócio, mas nunca descuide do conhecimento técnico e tático necessário para executá-la.

Ao começar a montar sua estratégia, deixe um pouco de lado APIs, arquiteturas, o desenvolvedor que já definiu a tecnologia e o executivo que já preparou a peça publicitária sobre "transformação digital". Foque na pergunta mais importante: **qual**

problema você está resolvendo ao criar uma API corporativa em sua empresa? A partir dessa pergunta principal, desenvolva outras: qual **processo será melhorado**, qual **modelo de negócio novo** poderá ser explorado? API é um formato de integração, de comunicação. Quais são os principais clientes dessa comunicação? Do que eles **realmente precisam**? Como funcionam ou funcionarão os sistemas integrados a essas APIs? Imagine sua área comercial vendendo uma integração via API junto à área técnica. Será que a sua estratégia precisa incluir treinamento para eles também? Das respostas a essas perguntas surgem dois novos passos na construção da sua estratégia:

> **Passo 2 – Defina de forma clara o objetivo, os ganhos e os porquês da implementação de uma API corporativa em sua empresa.**
>
> **Passo 3 – Conheça os atuais e futuros clientes da sua integração e não subestime o treinamento e o conhecimento necessários para vender esse novo produto.**

Falando sobre arquitetura, existem diversos ganhos para uma estratégia de integração digital, ilustradas a seguir. Talvez alguns se encaixem em sua empresa, outros não, por isso é muito importante que toda decisão seja tomada por pessoas que conheçam a estrutura, os objetivos e o foco de cada negócio.

Figura 29.1. Respostas possíveis à pergunta: qual problema você vai resolver com APIs? Fonte: a autora.

Para a definição de quem é o seu cliente, do que ele precisa e como suas APIs podem resolver um problema, uma proposta atual muito utilizada é a do *Design Thinking*. Uma das definições dessa técnica pode ser encontrada no próprio conteúdo do SAFe®, com tradução nossa: "*Design Thinking* é um **processo de desenvolvimento centrado no usuário** para criar produtos desejados, lucrativos e sustentáveis ao longo de seu ciclo de vida" (SCALED AGILE, 2021). Usualmente a abordagem de personas e casos de uso dessa técnica é aplicada a pessoas interagindo com telas de aplicativo, mas todas as etapas propostas no processo podem ser **aplicadas a integrações, sistemas e desenvolvedores** fazendo uso dessas integrações.

Ao detalhar os clientes da sua API corporativa, é comum encontrar a área técnica de empresas parceiras (que vão utilizar seus serviços) e também os seus desenvolvedores (que serão consumidores internos dessas APIs). Essa é uma informação relevante na sua estratégia: seja lá qual for o seu negócio, você está criando um produto digital, direcionado a profissionais de tecnologia. Para ganhar esse cliente, que pode ter uma experiência muito heterogênea com o uso de APIs, leve em consideração essa quarta etapa:

Passo 4 – Defina uma API corporativa que seja intuitiva, bem documentada e padronizada, para que seja bem recebida por desenvolvedores internos e externos.

Em uma palestra para desenvolvedores (META DEVELOPERS, 2013), Kevin Lacker, CTO da plataforma Parse, explica que para implementar uma API excelente você deve mirar em consumidores "preguiçosos": nada melhor para um desenvolvedor com prazos curtos e muitas entregas do que uma API com operações intuitivas para implementações, complementada por uma documentação clara e que responda às perguntas que naturalmente irão surgir, e que se comporte sempre da mesma maneira.

Comportar-se sempre da mesma maneira é algo que deve ser reforçado: alguns padrões de escrita e formato de código e contratos podem ser "polêmicos" entre os desenvolvedores que estão criando uma mesma API. A definição de como a API será feita deve estar clara e difundida entre todos, antes que o primeiro contrato esteja exposto, evitando que uma mesma requisição possua **esse_parametro**, **esseParametro** e **thisParameter**, por exemplo. Nesses casos, o mais importante não é qual padrão será escolhido, e sim que seja escolhido apenas um e utilizado da mesma forma em todo o desenvolvimento. É preciso lembrar que, no caso de uma API corporativa externa, ela estará **exposta para desenvolvedores que você não conhece**, com experiência e técnicas muito distintas e desconhecidas da sua própria área técnica, por isso a padronização do que é apresentado se torna muito mais estratégico do que em outras situações no desenvolvimento de software.

Seguindo na estratégia, é importante lembrar que você não está sozinho nessa, e que muitas outras empresas já passaram pela jornada de criar e expor uma API corporativa. Isso significa que existem diversas plataformas de gerenciamento de APIs (ou *API Management* – APIM na sigla em inglês) para auxiliar na criação e manutenção da sua API. As características obrigatórias para a arquitetura de uma API interna ou externa (alta disponibilidade, escalabilidade, resiliência, segurança, só para citar algumas) exigem esforço e custo inicial altos, caso sua empresa opte por desenvolver e implementar o gerenciamento de APIs totalmente do zero. Por isso, salvo situações específicas, geralmente a saída mais indicada está no próximo passo:

Passo 5 – Avalie e selecione uma plataforma de gerenciamento de APIs (*API Management*) que melhor se encaixe em sua estratégia e evite "reinventar a roda" ao iniciar o desenvolvimento da sua integração.

Assim que definir uma estratégia, busque suas melhores táticas e comece sua "guerra". Comece pequeno, comece rápido e execute sua estratégia em pequenas iterações. Os ciclos de entregas digitais exigidos pelo mercado atualmente são curtos e rápidos, mas ao mesmo tempo cobram qualidade, performance e robustez em cima do que foi entregue.

Quando seu produto é uma integração via API, sem tela e sem aplicativo para agradar aos olhos, a qualidade do serviço entregue é crítica e fundamental. Invista em testes de todos os tipos, avalie disponibilidade, carga, limites de requisição, resiliência, pontos de falha e vulnerabilidades.

Iniciamos o capítulo com uma reflexão atribuída a Sun Tzu e vamos finalizar com outra, que em muito se relaciona com a qualidade e a responsabilidade ao definir uma estratégia e executar seus passos: **"aquele que se empenha a resolver as dificuldades resolve-as antes que elas surjam. Aquele que se ultrapassa a vencer os inimigos triunfa antes que as suas ameaças se concretizem".**

30. Alinhando sua estratégia de API com o mercado

Alessandro Antonio de Brito

Com a crescente digitalização dos processos empresariais, a necessidade de se conectar com parceiros e clientes, ou mesmo de ofertar novos produtos e serviços na nova economia digital, aumenta a cada dia. Para que você também possa surfar essa onda, é necessário entender as diversas possibilidades do uso das APIs em seu negócio. Neste capítulo abordaremos alguns caminhos que podem ser utilizados na construção de sua estratégia de APIs alinhada ao seu mercado.

Pesquise as tendências tecnológicas de seu ramo de negócio

A tecnologia já faz parte do dia a dia das pessoas, gerando novos hábitos e modalidades de negócio. Com isso, conhecer as tendências de tecnologia e digitalização do seu setor específico é fundamental para construir sua estratégia de negócio fazendo o melhor uso dessas novas ferramentas.

Inicie sua jornada conhecendo as possibilidades que o mundo das APIs tem a oferecer e como ele pode (e deve) influenciar sua estratégia de negócio. Aqui não importa se você está iniciando um novo negócio ou produto, planejando expandir sua participação no mercado ou se você simplesmente quer se manter no jogo.

A seguir, vamos explorar mais algumas possibilidades de uso de APIs que podem servir de base para seu plano:

Usando APIs de terceiros

Mesmo que você inicialmente não tenha nenhum produto ou serviço que possa ofertar por APIs, você pode iniciar essa jornada utilizando APIs disponibilizadas por terceiros, que podem ser clientes e fornecedores ou mesmo plataformas prontas.

Aqui vamos explorar apenas algumas possibilidades:

- ✓ Usar as APIs disponibilizadas por parceiros e clientes para integrar e agilizar o seu fluxo operacional.
- ✓ Usar plataformas disponibilizadas via APIs, como *marketplaces* ou sistemas de pagamento, para ter acesso a novos mercados e/ou diminuir seu *time-to-market*.
- ✓ Usar APIs abertas para execução de serviços específicos como processamento de imagens, inteligência artificial, entre outros.

Construindo suas APIs

Você pode pensar em construir suas próprias APIs para disponibilizar seus produtos ou serviços, ou mesmo possibilitar a integração de clientes e parceiros. Entretanto, tenha cautela para avaliar o esforço (tempo e custo) necessário para essa empreitada. Avalie cuidadosamente se o tempo esperado para o retorno financeiro desse investimento cabe em seu orçamento, ou mesmo se é viável economicamente.

Se a análise de viabilidade da construção das APIs concluir que o projeto é indicado, o próximo passo é definir quais são as APIs que serão construídas e qual será o público-alvo: clientes internos, clientes externos, parceiros, fornecedores etc. Depois, defina como será o processo de monetização dessas APIs, se for o caso.

Aqui listo algumas possibilidades de construção de APIs em sua empresa:

- ✓ Construir APIs para possibilitar integração com clientes e parceiros, essencial para uma estratégia de transformação digital. Neste ponto, você pode expor APIs para que seus cliente e parceiros possam se integrar aos seus processos de negócio, ou mesmo rotinas operacionais como controle de estoque, rastreamento de entregas, aviso de faturamento, entre outros.
- ✓ Construir APIs para ofertar produtos ou serviços, seja para criação de versões digitais de produtos existentes (gêmeo digital), seja para criação de novos produtos e/ou serviços.
- ✓ Construir APIs para integrar e/ou facilitar o uso de sistemas legados. Neste ponto, a construção de uma camada de APIs internas pode facilitar a utilização de sistemas já em uso no *core business* da empresa, mas que são complexos e difíceis de usar. Podemos citar diversos exemplos: o setor bancário ainda faz uso intensivo de sistemas legados rodando em *mainframes* no seu chamado *core banking*, usando uma camada de APIs para facilitar e controlar a interação com esses sistemas que ainda são fundamentais para o seu negócio.

Como você pode notar, as APIs se tornaram essenciais em diversas estratégias, seja na melhoria da sua eficiência operacional, seja na exploração de novas fontes de receita.

Analisando seu negócio e realizando o alinhamento

O planejamento estratégico é extremamente importante em qualquer tamanho de organização ou segmento de mercado. Com ele é possível saber aonde se quer chegar e com isso direcionar o esforço da sua organização para viabilizar de alguma forma a estratégia definida. A estratégia de APIs também deve refletir a sua estratégia de negócio.

O objetivo aqui não é esgotar toda a complexidade do planejamento estratégico de um negócio, mas sim fornecer alguns *insights* para quem ainda não tem conhecimento sobre o assunto e principalmente entender a relação entre o planejamento estratégico de negócio e sua estratégia de APIs.

Existem várias ferramentas e métodos para criar um planejamento estratégico. O Sebrae (Serviço Brasileiro de Apoio às Micro e Pequenas Empresas), por exemplo, cita essas seis ferramentas (SEBRAE, 2016):

✓ Missão, visão e valores.
✓ Análise 360° das oportunidades de negócio.
✓ Análise SWOT.
✓ As 5 forças de Porter.
✓ Matriz BCG.
✓ Definição de metas para pequenas e médias empresas.

Outra abordagem muito utilizada é o *Business Model Canvas* (BMC) – em português, "Quadro do Modelo de Negócio". O BMC foi criado pelo suíço Alexander Osterwalder em meados dos anos 2000, com base em seu trabalho anterior *Business Model Ontology*, recebendo a colaboração de mais de 200 consultores e empresários ao redor do mundo.

Em linhas gerais, o BMC é um quadro de uma página que permite visualizar de maneira simples todo o funcionamento de seu negócio. O quadro é separado em nove áreas, conforme segue:

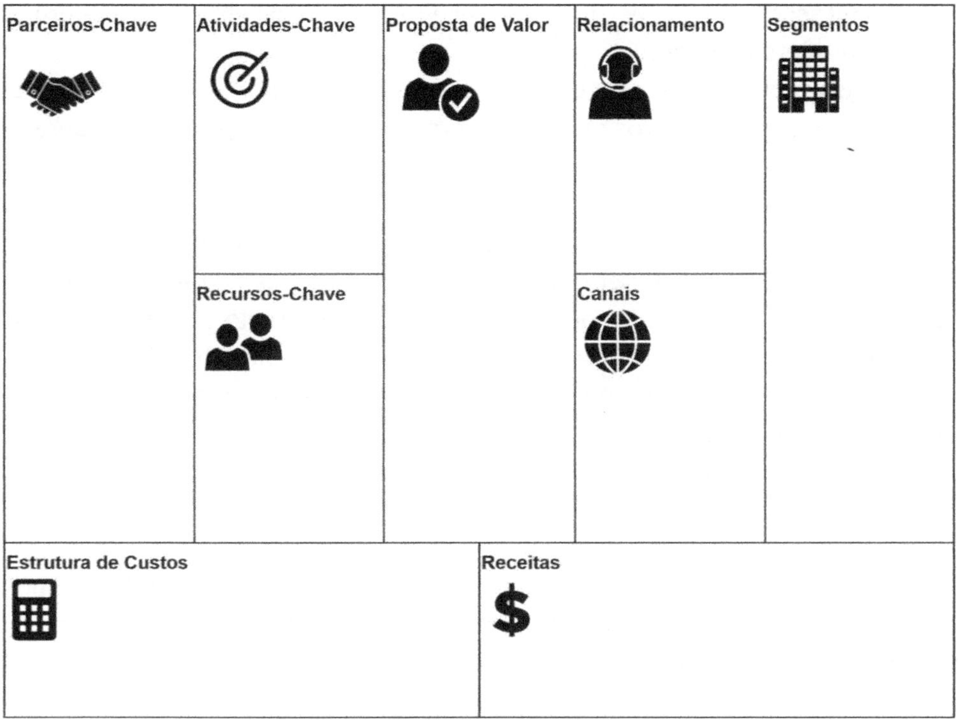

Figura 30.1. Quadro do modelo de negócios.
Fonte: adaptado de Wikipédia (s.d.).

Resumo de cada bloco:

- ✓ **Proposta de valor:** o que você oferece ou pretende oferecer aos seus clientes (atuais ou potenciais).
- ✓ **Segmentos:** a qual segmento de mercado você pretende atender e qual o perfil de seus clientes. Este item é muito importante para o correto direcionamento das demais estratégias.
- ✓ **Canais:** como você alcança seu cliente. Esse item engloba distribuidores, canais de venda etc.
- ✓ **Relacionamento:** como você pretende manter o relacionamento com seus clientes.
- ✓ **Recursos-chave:** definir o que você precisa em termos de recursos materiais e humanos para sua operação.
- ✓ **Atividades-chave:** definir suas atividades essenciais para a entrega de sua proposta de valor.
- ✓ **Parcerias-chave:** definir quais as parcerias necessárias para seu negócio funcionar, como fornecedores.

- ✓ **Receitas:** definir sua estrutura de receita, ou seja, o valor que receberá por seu produto ou serviço.
- ✓ **Estrutura de custos:** esta é uma das partes mais importantes para o seu sucesso. Definir os custos envolvidos em toda a sua operação, considerando todos os itens anteriores.

O BMC pode ser utilizado para criar um novo negócio ou remodelar um negócio existente. Essa ferramenta pode ser muito útil para modelar sua estratégia de negócio fazendo uso do universo de possibilidades das APIs. Por exemplo, se você decidiu que vai ofertar um ou mais serviços através de APIs, então você vai estruturar o seu BMC e visualizar tudo o que precisa para viabilizar essa oferta, como recursos, parceiros, canais de venda, custos operacionais e receita esperada. Se você decidiu usar APIs de terceiros para ofertar seus produtos ou serviços, então você também vai visualizar esse fluxo na área de parcerias e/ou canais.

O Sebrae também disponibiliza de forma gratuita uma ferramenta digital para apoiar a elaboração do seu *canvas* chamado "Sebrae Canvas" (SEBRAE CANVAS, s.d.). Ela pode ser utilizada tanto na versão *web* (diretamente do seu *browser*) ou na versão aplicativo, que pode ser instalada em seu *smartphone*.

Agora que você conhece as diferentes possibilidades do uso de APIs em seu segmento de mercado e sua estratégia de negócio, podemos iniciar o endereçamento de nossa estratégia para o mercado.

31. Estilos modernos de arquitetura API

Leonardo Ferreira Monteiro da Silva

Depois de definir os porquês da construção de sua API, é necessário definir qual modelo seguir na sua implementação. É importante levar em conta que os principais consumidores da API são pessoas da área de tecnologia, que já conhecem padrões bem definidos de arquitetura de APIs. Utilizar padrões conhecidos faz com que a adoção da API seja muito mais rápida e eficiente do que não seguir padrão algum. Outra questão importante a se levar em consideração é saber quais tecnologias e padrões sua equipe já conhece, para ajudar a acelerar a construção. A seguir, alguns dos principais estilos de arquitetura para o desenvolvimento de APIs.

REST

REST é uma das arquiteturas mais utilizadas para a construção de APIs. O REST foi criado para utilizar todo o potencial do protocolo HTTP, e uma API que implementa todas as particularidades desta arquitetura é chamada de RESTful. Mais informações sobre ela podem ser encontradas no Capítulo 6.

RPC

RPC é a abreviação de *Remote Procedure Call* (Chamada de Procedimento Remoto). É um protocolo usado desde o início da década de 1980, mas ainda possui uma grande relevância e é bastante implementado em aplicações modernas de API. A ideia por trás do RPC é que uma função ou método pode ser executada independentemente se estiver em um servidor local ou remoto, facilitando a criação de aplicativos e sistemas distribuídos. Normalmente é implementado como XML-RPC e JSON-RPC.

Nesta arquitetura, é definido um serviço, especificando os métodos que podem ser chamados remotamente e seus parâmetros e retornos. O servidor implementa a interface do serviço e executa um servidor RPC para receber as chamadas do cliente. O cliente, ou *stub*, fornece os mesmos métodos existentes no servidor.

Uma das implementações mais modernas deste protocolo é o gRPC, que é um *framework* de RPC de alta performance criado inicialmente pelo Google – vem daí o "g" no nome – e é utilizado por várias empresas, variando o uso desde conectar alguns serviços até centenas deles em várias linguagens e ambientes locais ou em nuvem.

O Google também está criando versões de suas APIs existentes para serem utilizadas com o gRPC (GRPC AUTHORS, s.d.).

SOAP (*Simple Object Access Protocol*)

Significa "protocolo simples de acesso a objetos". É um protocolo destinado a uma troca de informações em ambientes distribuídos, utilizando XML para definir uma estrutura de mensagens extensível (W3C, 2007).

A primeira versão do SOAP seguiu a implementação do RPC, visto anteriormente, onde se define um serviço para ser consumido pelos clientes. Pode ser utilizado em vários protocolos de transferência, como HTTP, SMTP, UDP, entre outros.

GraphQL

O GraphQL é uma linguagem de consulta para APIs criada pelo Facebook e depois disponibilizada como *open source*. No lado do servidor, as consultas são executadas utilizando um sistema de tipos definido para os seus dados, além de funcionar com qualquer banco de dados. Ao contrário de outras arquiteturas, que possuem *endpoints* com parâmetros e respostas predefinidas, o GraphQL retorna somente o que o usuário pedir na sua consulta (GRAPHQL, s.d.).

Exemplo de definição do serviço GraphQL para uma API que retorna um livro e seus capítulos:

```
type Livro {
    id: ID
    nome: String
    ISBN: String
    capitulos: [Capitulo]
}
```

```
type Capitulo {
    id: ID
    titulo: String
    conteudo: String
    autor: String
}

type Query {
    livro(id: ID): Livro
    livros: [Livro]
}
```

Exemplo da requisição com a consulta GraphQL enviada dentro do corpo de uma requisição *POST*:

```
query {
    livro(id: 1) {
        nome
        capitulos {
            titulo
        }
    }
}
```

E a resposta da API, em JSON:

```
{
    "data": {
        "livro": {
            "nome": "Jornada API na Prática",
            "capitulos": [
                {
                    "titulo": "O que é uma API?"
                },
                {
                    "titulo": "Open API"
                }
            ]
        }
    }
}
```

A grande vantagem de utilizar GraphQL em vez de REST é que na consulta do GraphQL é possível escolher quais campos devem vir na resposta. Se for acrescentado o campo "autor" na consulta dos capítulos, por exemplo, este campo será retornado dentro dos objetos, abaixo do "titulo". Isso faz com que a API em GraphQL retorne exatamente o que o usuário precisa, dando poder a ele para escolher os dados que deseja. Ao utilizar REST, uma consulta pode retornar muito mais ou muito menos do que o usuário precisa, fazendo-se necessário efetuar outras chamadas para recuperar todos os dados utilizados. Por outro lado, essa flexibilidade pode gerar uma perda de performance se um serviço permitir que sejam recuperados muitos objetos diferentes em uma mesma chamada (KUZMENKO, 2021).

Qual estilo de API utilizar? Isso depende do que quer ser alcançado em cada projeto de API, mas é importante observar alguns pontos:

- ✓ Atualmente a maioria das APIs públicas é em REST, então se você procura uma aceitação maior para sua API, esta seria a melhor opção. Será mais fácil encontrar desenvolvedores para construção e consumo da API, por já estarem habituados a esse padrão.
- ✓ Se você quer oferecer uma API com uma maior flexibilidade para o desenvolvedor, GraphQL é a melhor opção.
- ✓ SOAP é mais utilizado para aplicações empresariais, é altamente seguro e pode ser acessado por outros protocolos que não o HTTP. Se estes forem requisitos, é uma boa opção. Uma das desvantagens é que é menos performático e flexível do que REST e GraphQL, e gasta mais tráfego de rede e recursos computacionais, por trabalhar com o envelopamento de XML.
- ✓ O RPC é mais utilizado para comunicação entre serviços e microsserviços, porém seu uso para APIs públicas está crescendo, principalmente por conta da disponibilização de algumas APIs do Google utilizando gRPC.

PARTE V.
CASES

32. *Cases* de sucesso usando APIs

Episódio 1 – API no VOA Hotéis

Ana Clara Gonzaga Barros

Figura 32.1. Acesse o *QR Code* com o seu celular ou clique em
<https://open.spotify.com/episode/5Jmif0dpdIZwBVnZNPCGQT?si=-eVvYYarTganVi46Vs9hSQ>

Convidados: Giovanni Keppelen, TO & Partner, e Wharley Ornelas, Software Engineer.

Host: Ana Clara Gonzaga Barros

Giovanni Keppelen é um pai dedicado e entusiasta da tecnologia. Foi cofundador da Brasil Js, atuou como líder técnico e gestor de engenharia de software. Hoje ele é CTO e *partner* na VOA Hotéis.

Wharley Ornelas é um pai apaixonado por seus filhos e também por tecnologia! Já foi "cobolista" e migrou para desenvolvimento *web*. Há anos vem se especializando em engenharia de software. Hoje ele é *software engineer* na VOA Hotéis.

Juntos neste episódio eles demonstram como as APIs revolucionaram e revolucionam nosso dia a dia e como são importantes os padrões, as boas práticas, a colaboração e a melhoria contínua em um processo de desenvolvimento e consumo de APIs.

Episódio 2 – API na SOMOS Educação

Ana Clara Gonzaga Barros

Figura 32.2. Acesse o *QR Code* com o seu celular ou clique em <https://open.spotify.com/episode/623KNt6u3elcmbU3OLrfIC?si=A47ELQL9RUKDMjR_5bkaeQ>.

Convidados: Rafael Teixeira, gerente de engenharia, e William Valentim, líder técnico.

Host: Ana Clara Gonzaga Barros

Rafael Augusto Teixeira é um pai e marido muito dedicado que trabalha com tecnologia desde 2000. Em 2008 começou a trabalhar com tecnologia na educação, onde continua se especializando até hoje. Atua como gerente de engenharia de software na SOMOS Educação.

William Valentim é o paizão da Sophia, baixista e desenvolvedor de software. Trabalha com tecnologia para educação há 10 anos e vem se especializando. Hoje atua como líder técnico e tem desenvolvido e consumido muitas APIs ao longo de sua jornada.

Neste episódio eles trazem bastante de suas experiências com planejamento, desenvolvimento e entrega de APIs, como, por exemplo, a importância da integração e a necessidade de conseguir servir as aplicações com dados e informações através da disponibilização de APIs. Além disso, eles contam os grandes valores que elas trazem para o dia a dia do ecossistema em que se encontram.

Episódio 3 – *Open finance* no Brasil – Bradesco

Clara Érica Takayama de Castro

Figura 32.3. Acesse o *QR Code* com o seu celular ou clique em <https://open.spotify.com/episode/2r2jZKa8amlXafjmRwKZzi?si=Cb7ahVVtR9mZcXr_gyArLg>.

Convidado: Cristiano Gomes, Superintendente.

Host: Clara Érica Takayama de Castro

Cristiano Gomes é pai de duas meninas maravilhosas, tecnologista de coração, profissional orientado por valor, há mais de 19 anos trabalhando em diferentes verticais de negócios e tecnologias.

Atuou no Brasil e no exterior em empresas líderes como Bradesco, ThoughtWorks, Santander, Algonomy, Accenture, Banco do Brasil, Itaú , Sicredi, BTG Pactual, Cielo, Americanas.com, Submarino, Shoptime, Carrefour, Riachuelo, Grupo Fleury, Comgás, Oi e Natura.

Atualmente é Superintendente Executivo de Plataformas e Ecossistemas Digitais no Banco Bradesco.

Cristiano esteve envolvido com o *open finance* no Brasil desde o início e conta como foi esse desafio –a escolha de ferramentas, a interação com várias áreas, a composição do *board* e outras instituições financeiras.

Explica também como a colaboração foi primordial para o sucesso do *open finance*, com discussões pelos grupos técnicos pensando nos vários pontos que impactam uma API, como segurança de dados e experiência do cliente, em parceria com a Febraban.

Descreve de forma simples e didática em que consiste uma API e seu benefício no *open finance*, destacando a importância de padronizações para a comunicação e integração das empresas através de seus sistemas.

Ganhador do Prêmio *Open Summit Awards* na categoria "Radar Open Finance", o executivo ressalta o fato da maior parte de sua construção ter ocorrido durante a pandemia, com interações remotas, dando orgulho ainda maior sobre seu time por conseguir o primeiro lugar. Assim, o momento do prêmio tem um lugar especial em sua memória por ter sido o encontro de pessoas que se viram pela primeira vez, mesmo trabalhando juntas por tanto tempo.

Episódio 4 – API na Assine Bem – *Case* Nube

Ana Clara Gonzaga Barros

Figura 32.4. Acesse o *QR Code* com o seu celular ou clique em <https://open.spotify.com/episode/7F6066RnRj1sZDEEh4iyzS?si=kCb6BKFnRWeJJ6uce8Swiw>

Convidado: Paula Sino, gerente comercial, e Luiz Pasqual, gerente de TI.

Host: Ana Clara Gonzaga Barros

A Paula Sino é especialista em negociação e apaixonada por vendas! Atua como gerente comercial da Assine Bem e, além de muito conteúdo de qualidade e experiência, trouxe uma energia maravilhosa para esse episódio.

O Luiz Pasqual é engenheiro e especialista em gestão estratégica de tecnologia. Ao longo de sua trajetória, atuou em projetos estratégicos como intermediador no diálogo entre o cliente e as pessoas que desenvolvem as aplicações. Hoje atua como gerente de TI no Nube (Núcleo Brasileiro de Estágios).

Ambos trouxeram para esse episódio o *case* da Nube, com vários *insights* sobre a aplicação da API na prática. Além dos valores, como eficiência, e de práticas, como melhoria contínua e qualidade técnica, também conseguimos observar a percepção do cliente final com todo o valor que o funcionamento da API trouxe para o dia a dia.

Episódio 5 – *Bank as a service* – *Case* Bankly

Clara Érica Takayama de Castro

Figura 32.5. Acesse o *QR Code* com o seu celular ou clique em <https://open.spotify.com/episode/5NzTOObJQBz4Iw6dfaY4Pm?si=doaVbV-6TxaQLQU-GgF9rg>

Convidados: Marilyn Hahn, *Co-Founder* e COO, e Tiago Costa, Cofundador e CTPO do Bankly

Host: Clara Érica Takayama de Castro

Marilyn Hahn é economista pela UFSC, com MBA executivo pela Coppead (UFRJ) em Gestão e cursos de extensão em negócios no MIT (USA) e na *IE Business School* (ES). Possui experiências anteriores em empresas como Mambu, Stone e ExxonMobil.

Tiago é graduado em engenharia mecatrônica pela USP e possui MBA em *Business Innovation* pela UFSCar. Com passagem pelo mercado de serviços financeiros, possui ampla experiência na definição de estratégia de produto, principalmente com o emprego de tecnologia para entrega de valor, planejamento estratégico e inovação. Em sua trajetória, Tiago passou por empresas como a 3M e Serasa Experian.

Marilyn e Tiago são os responsáveis pela fundação e construção de toda a estratégia de produtos, tecnologia e operação do Bankly, plataforma de *banking as a service*.

O Bankly foi a primeira plataforma de BaaS no Brasil com licença bancária, *cloud native* e *API first*.

Hoje o Bankly é um *case* de sucesso por sua escalabilidade e performance: com apenas dois anos e meio de operação, já é uma das maiores da América Latina, com mais de 210 parceiros estratégicos e milhões de usuários ativos. Os executivos contam como transformaram a jornada do cliente do banco em produtos modulares e como os clientes consomem suas APIs.

Destacam ainda sobre como a *API Economy* possibilitou a criação deste produto, os desafios pelos quais passaram e como seus produtos especializados facilitam a vida de seus clientes.

Escalabilidade, confiabilidade, experiência facilitada e produtos modulares são destaques desta empresa 100% brasileira e com crescimento exponencial.

Episódio 6 – Servindo *big data* em formato de API

Clara Érica Takayama de Castro

Figura 32.6. Acesse o *QR Code* com o seu celular ou clique em <https://open.spotify.com/episode/1YI9DGtJcHvAGRj5fk8IJW?si=caae7b15dff643bf>

Convidado: Francisco Escher Guimarães da Silva, CTO da Saleshunter

Host: Clara Érica Takayama de Castro.

Francisco Escher é líder de engenharia de software, trabalhou em uma grande variedade de áreas do mundo de software, tais como *big data*, arquitetura de sistemas, design de *Rest APIs*, sistemas acionados por eventos (*event-driven*), desenvolvimento *web*, *pipelines* de dados, Kubernetes, *pipelines* CI/CD e muito mais.

O executivo conta como foi trabalhar no projeto em que participou, que consistia em melhorar o cenário de crédito e fraude do Brasil. O governo tinha regulamentado recentemente o cadastro positivo, que consiste no compartilhamento, por parte de instituições financeiras, de dados de crédito de toda a população economicamente ativa brasileira. Isso permitiria uma análise mais objetiva do consumidor, com menos fraude e inadimplência.

Francisco explica o desafio que enfrentaram de lidar com dados novos vindos de várias fontes quase que diariamente, gerando um base de volume colossal. Além disso, os modelos gerados não eram incrementais – portanto, para analisar uma requisição, eram necessários todos os dados relativos à entidade requisitada. Tais fatores, somados à grande variabilidade de parâmetros de entrada de cada chamada, não permitiam realizar um pré-processamento dos dados com as informações necessárias para construir a resposta das requisições. Isso significava que elas teriam que ser calculadas em tempo real.

Então, para superar o tempo de resposta para algo aceitável pelos clientes, conta como foi o uso de uma plataforma que possibilitou o paralelismo, o que permitiu a indexação dos dados distribuídos.

Muita técnica e criatividade foram necessárias para o sucesso do projeto, e Francisco destaca alguns pontos que ele considera cruciais, como a integração do time, não persistir em soluções tradicionais e buscar *benchmarking* para validar as próprias soluções.

Episódio 7 – *Case* Olist

Ana Clara Gonzaga Barros

Figura 32.7. Acesse o *QR Code* com o seu celular ou clique em
<https://open.spotify.com/episode/5AYR17osh6vTbiTjjLLZ2U?si=fe543f5583724b0e>

Convidado: Felipe Teixeira, diretor de tecnologia.

Host: Ana Clara Gonzaga Barros

Felipe Teixeira é um apaixonado por tecnologia e atua na área há mais de 15 anos. Especializou-se como desenvolvedor de software enquanto contribuidor individual e migrou para a gestão de times de tecnologia. Foi gestor de tecnologia em empresas como Peixe Urbano e OLX e hoje atua como diretor de tecnologia na Olist.

Neste episódio, ele nos demonstra que na prática é primordial que as APIs sejam planejadas considerando padrões, segurança e melhoria contínua. Destaca valores como estabilidade, escalabilidade e performance, e sobretudo como é importante que os times de tecnologia estejam alinhados com esses valores.

Episódio 8 – *Case* Delfia

Ana Clara Gonzaga Barros

Figura 32.8. Acesse o *QR Code* com o seu celular ou clique em <https://open.spotify.com/episode/10SbdWpEemAwJfGCMJPRrK>

Convidado: Alex Camargo, CTO da Delfia.

Host: Ana Clara Gonzaga Barros e Maurício Magnani.

Alex é um entusiasta de TI e vem se especializando em observabilidade e segurança ao longo dos últimos 17 anos de carreira. Traz consigo um entusiasmo que transparece ao falar sobre esses temas. Nesse episódio falamos sobre a importância da observabilidade e da segurança em um ecossistema repleto de APIs. Além disso, falamos também sobre o uso de boas práticas na implementação de APIs e como isso pode trazer sucesso para o negócio.

Episódio 9 – *Case* Youse Seguros

Ana Clara Gonzaga Barros

Figura 32.9. Acesse o *QR Code* com o seu celular ou clique em <https://open.spotify.com/episode/4ZtY9RS16SfSbg3a5E7PKI>

Convidado: Taiolor Morais, CTO.

Host: Ana Clara Gonzaga Barros

O Taiolor possui mais de 20 anos de experiência no setor financeiro e de comércio varejista, focado em gestão de times de alta performance e concepção de sistemas com tecnologias exponenciais. Apaixonado por tecnologias e integração, equilibra habilidade técnica e gerencial, resiliência e foco em alto desempenho.

Esse episódio traz fortemente o tema de boas práticas na implementação de APIs. Mostra a importância de garantir a segurança em diferentes etapas do processo de desenvolvimento e traz também muita experiência e exemplos concretos de API na prática e na veia!

Episódio 10 – *Case* Prudential

Ana Clara Gonzaga Barros

Figura 32.10. Acesse o *QR Code* com o seu celular ou clique em <https://open.spotify.com/episode/0BA7qeyAXrq2k7M5wfdPDm>

Convidado: Lincon Cardiano, coordenador de *DevOps* e *cloud.*

Host: Maurício Magnani.

Profissional com mais de 10 anos de atividades na área de tecnologia da informação, possui ênfase em servidores de aplicação, gestão de equipes e liderança.

Neste episódio o Lincon nos demonstra a aplicação de API na prática e o grande valor que traz para o ecossistema de produto.

Referências

ABPMP. **BPM CBOK Guia para o Gerenciamento de Processos de Negócio.** V3.0. [S.l.]: ABPMP Brasil, 2013.

ANDRADE, A. P. O que é XML? **Treinaweb**, nov. 2019. Disponível em: <https://www.treinaweb.com.br/blog/o-que-e-xml>. Acesso em: 20 jan. 2023.

ANGELINI, G. Current Practices. *In*: Web API Documentation, **European Academic Colloquium on Technical Communication 2018**, p. 72-85, Stuttgart: GmbH, Rotebühlstraße, 2018.

APDEX ALLIANCE. **Application Performance Index – Apdex Technical Specification.** Version 1.1. Jan. 22, 2007. Disponível em: <https://www.apdex.org/wp-content/uploads/2020/09/ApdexTechnicalSpecificationV11_000.pdf>. Acesso em: 23 jan. 2023.

APOLINÁRIO, D. R. de F. *et al.* **Gerenciamento de APIs com o WSO2 API Manager**. Comunicado Técnico nº 128, ISSN 1677-8464, Campinas, SP: Embrapa, dez. 2017. Disponível em: <https://ainfo.cnptia.embrapa.br/digital/bitstream/item/170333/1/gerenciamentoComun-Tec128.pdf>. Acesso em: 11 fev. 2023.

ASHBY, D.; JENSEN, C. T.; **APIs.** Portland: John Wiley & Sons, 2018.

AWS. **Communication Layer.** Disponível em: <https://docs.aws.amazon.com/wellarchitected/latest/iot-lens/communication-layer.html>. Acesso em: 25 jan. 2023.

AWS. **O que é uma API?** Disponível em: <https://aws.amazon.com/pt/what-is/api/>. Acesso em: 20 jan. 2023.

BANCO CENTRAL DO BRASIL. **Circular nº 4.015, de 04/05/2020.** Dispõe sobre o escopo de dados e serviços do Sistema Financeiro Aberto (Open Banking). Disponível em: <https://www.bcb.gov.br/estabilidadefinanceira/exibenormativo?tipo=Circular&numero=4015>. Acesso em: 25 jan. 2023.

BANCO CENTRAL DO BRASIL. **Comunicado nº 33.455 de 24/04/2019.** Divulga os requisitos fundamentais para a implementação, no Brasil, do Sistema Financeiro Aberto (Open Banking). Disponível em: <https://www.bcb.gov.br/estabilidadefinanceira/exibenormativo?tipo=Comunicado&numero=33455>. Acesso em: 25 jan. 2023.

BANCO CENTRAL DO BRASIL. **Open Finance.** Disponível em: <https://www.bcb.gov.br/estabilidadefinanceira/openfinance>. Acesso em: 25 jan. 2023.

BANCO CENTRAL DO BRASIL. **Resolução Conjunta nº 1, de 04/05/2020.** Dispõe sobre a implementação do Open Finance. Disponível em: <https://www.bcb.gov.br/estabilidadefinanceira/exibenormativo?tipo=Resolução%20Conjunta&numero=1>. Acesso em: 25 jan. 2023.

BANCO CENTRAL DO BRASIL. **Resolução Conjunta nº 4, de 23/03/2022.** Altera a Resolução Conjunta nº 1, de 04 de maio de 2020, para dispor sobre o Open Finance. Disponível em: <https://www.bcb.gov.br/estabilidadefinanceira/exibenormativo?tipo=Resolução%20Conjunta&numero=4>>. Acesso em: 25 jan. 2023.

BASE64. Site. Disponível em: <https://www.base64encode.org/>. Acesso em: 24 jan. 2023.

BENJAMIM, A. S.O.L.I.D.: Princípio de Segregação de Interface. **Campus Code**, 04 mar. 2020. Disponível em: <https://www.campuscode.com.br/conteudos/s-o-l-i-d-principio-de-segregacao-de-interface>. Acesso em: 11 fev. 2023.

BEYER, B. et al. (eds.) **Site Reliability Engineering:** how Google runs production systems. Sebastopol, CA: O'Reilly, 2016.

BRASIL. **Lei nº 13.709, de 14 de agosto de 2018.** Lei Geral de Proteção de Dados (LGPD). Disponível em: <https://www.planalto.gov.br/ccivil_03/_ato2015-2018/2018/lei/l13709.htm>. Acesso em: 24 jan. 2023.

BRITO, B. **ASP.NET Core – MongoDB Repository Pattern & Unit of Work**. 26 fev.2019. Disponível em: <https://www.brunobrito.net.br/aspnet-core-mongodb-unit-of-work>. Acesso em: 24 jan. 2023.

BULEY, L. **The User Experience Team of One:** a research and design survival guide. Brooklyn, New York: Rosenfeld Media, 2013.

CAIRNS, C.; SOMERFIELD, D. The Basics of Web Application Security. **MartinFowler.com**, Jan. 05, 2017. Disponível em: <https://martinfowler.com/articles/web-security-basics.html>. Acesso em: 24 jan. 2023.

CAROLI, P. **É – Não é – Faz – Não faz.** 30 jan. 2015. Disponível em: <https://www.caroli.org/e-nao-e-faz-nao-faz/>. Acesso em: 26 jan. 2023.

CASTILHO, R. **Princípios SOLID:** princípio da inversão de dependência (DIP). 01 maio, 2013. Disponível em: <https://robsoncastilho.com.br/2013/05/01/principios-solid-principio-da-inversao-de-dependencia-dip/>. Acesso em: 23 jan. 2023.

CMMI PRODUCT TEAM. **CMMI for Development, Version 1.3.** (Technical Report CMU/SEI-2010-TR-033). Pittsburgh: Software Engineering Institute, Carnegie Mellon University, 2010, p. 5.

COLUMBUS, L. 2017 is quickly becoming the year of the API economy. **Forbes**, Jan. 29, 2017. Disponível em: <https://www.forbes.com/sites/louiscolumbus/2017/01/29/2017-is-quickly-becoming-the-year-of-the-api-economy/?sh=7c2891d26a41>. Acesso em: 20 jan. 2023.

CONWAY, M. E. How do committees invent. **Datamation**, vol. 14, n. 4, 1968, p. 28-31.

COSTA, M. B. O que é HTTP. **Canaltech,** 31 maio 2021. Disponível em: <https://canaltech.com.br/internet/o-que-e-http/>. Acesso em: 20 jan. 2023.

COTTON, I. W.; GREATOREX JR, F. S. Data structures and techniques for remote computer graphics. **Fall Joint Computer Conference**, 1968. Disponível em: <https://dl.acm.org/doi/pdf/10.1145/1476589.1476661>. Acesso em: 20 jan. 2023.

DALLING, T. **SOLID Class Design:** the Liskov Substitution Principle. Nov. 21, 2009. Disponível em: <https://www.tomdalling.com/blog/software-design/solid-class-design-the-liskov-substitution-principle/>. Acesso em: 24 jan. 2023.

DATE, C. J.; CODD, E. F. The relational and network approaches: comparison of the application programming interfaces. *In*: 1974 ACM SIGFIDET workshop on Data description, access and control: data models: data-structure-set versus relational. 1975. **Proceedings...** Disponível em: <https://dl.acm.org/doi/pdf/10.1145/800297.811532>. Acesso em: 20 jan. 2023.

DE LIMA, J. Curso de Testes de API Rest (com Certificado). **YouTube**, 2021. Disponível em: <https://www.youtube.com/playlist?list=PLf8x7B3nFTl17WeEVj405tHlstiq1kNBX>. Acesso em: 11 fev. 2023.

DE, B. **API Management:** an architect's guide to developing and managing APIs for your organization. Bangalore, Karnataka, India: Apress, 2017.

DONOHUE, B. O que é a autenticação de dois fatores e como usá-la? **Kaspersky daily**, 09 jun. 2014. Disponível em: <https://www.kaspersky.com.br/blog/o-que-e-a-autenticacao-de-dois-fatores-e-como-usa-la/3226/>. Acesso em: 24 jan. 2023.

ERIKSSON, M.; BANFIELD, R.; WALKINGSHAW, N. **Product leadership:** how top product managers launch awesome products and build successful teams. Sebastopol, CA: O'Reilly, 2017.

ERL, T. *et al.* **Next generation SOA:** a concise introduction to service technology & service-orientation. Upper Saddle River, NJ: Prentice Hall, 2015.

EVANS, E. **Domain-driven design:** tackling complexity in the heart of software. Boston, MA; Munich: Addison-Wesley, 2003.

FAGERHOLM, F.; MÜNCH, J. Developer Experience: concept and definition. *In:* International Conference on Software and System Process (ICSSP 2012). **Proceedings...** Zurich, Switzerland, June 02-03, 2012.

FIELDING, R. T. **Architectural Styles and the Design of Network-based Software Architectures.** Tese (Doctor of Philosophy in Information and Computer Science) – University of California, Irvine, 2000. Disponível em: <https://www.ics.uci.edu/~fielding/pubs/dissertation/top.htm>. Acesso em: 23 jan. 2023.

FIELDING, R.; RESCHKE, J. (eds.). **Hypertext Transfer Protocol (HTTP/1.1):** semantics and content. June 2014. Disponível em: <https://httpwg.org/specs/rfc7231.html>.

FOWLER, S. J. **Microsserviços prontos para a produção:** construindo sistemas padronizados em uma organização de engenharia de software. São Paulo: Novatec, 2017.

G, R. Padrões de Design (design patterns) para APIs web. **BRASAP – developer zone**, 09 out. 2021. Disponível em: <https://brasap.com.br/padroes-de-design-design-patterns-para-apis-web/>. Acesso em: 23 jan. 2023.

GARRETT, J. J. **The elements of user experience:** user-centered design for the web. New York: New Riders, 2003.

GARTNER. Internet of Things (IoT). **Gartner Glossary,** s.d. Disponível em: <https://www.gartner.com/en/information-technology/glossary/internet-of-things>. Acesso em: 25 jan. 2023.

GOLDBERG, I.; WAGNER, D. How secure is the World Wide Web? **Dr. Dobb's Journal,** Jan. 1996. Disponível em: <https://people.eecs.berkeley.edu/~daw/papers/ddj-netscape.html>. Acesso em: 24 jan. 2023.

GOOGLE CLOUD; OXFORD ECONOMICS. **How digital business ecosystems drive efficiency and innovation in a new era.** 2020. Disponível em: <https://pages.apigee.com/digital-business-ecosystems-research-register/?int_source=website&int_medium=blog&int_campaign=oxford-economics>. Acesso em: 20 jan. 2023.

GOUGH, J.; BRYANT, D.; AUBURN, M. **Mastering API Architecture:** design, operate, and evolve API-based systems. Sebastopol, CA: O'Reilly, 2022.

GRAPHQL. **Introduction to GraphQL.** Disponível em: <https://graphql.org/learn/>. Acesso em: 26 jan. 2023.

GRPC AUTHORS. **About gRPC.** Disponível em: <https://grpc.io/about/>. Acesso em: 26 jan. 2023.

HARRIS, T. What is an API Ecosystem? **DreamFactory,** Dec. 06, 2022. Disponível em: <https://blog.dreamfactory.com/what-is-an-api-ecosystem/>. Acesso em: 25 jan. 2023.

HE, X.; LIU, D.; XIAO, Y. Research on Building Open Insurance in the Insurance Industry Based on the Concept of Open Banking. *In:* **Proceedings of the 2022 7th International Conference on Social Sciences and Economic Development (ICSSED 2022)**. Disponível em: <https://www.atlantis-press.com/proceedings/icssed-22/125973700>. Acesso em: 25 jan. 2023.

HOSCH, W. L. **Barbara Liskov:** american computer scientist. **Britannica**, s.d. Disponível em: <https://www.britannica.com/biography/Barbara-Liskov>. Acesso em: 11 fev. 2023.

HOUAISS. Dicionário. Disponível em: <https://houaiss.uol.com.br/pub/>. Acesso em: 23 jan. 2023.

HUNT, A.; THOMAS, D. **O Programador Pragmático:** de aprendiz a mestre. Porto Alegre: Bookman, 2010.

INDRASIRI, K.; KURUPPU, D. **gRPC Up & Running:** building cloud native applications with Go and Java for Docker and Kubernetes. Sebastopol, CA: O'Reilly, 2020.

INTERNATIONAL ORGANIZATION FOR STANDARDIZATION. ISO/IEC 25010:2011. Systems and software engineering – Systems and software Quality Requirements and Evaluation (SQuaRE) – System and software quality models. Disponível em: <https://www.iso.org/standard/35733.html>. Acesso em: 24 jan. 2023.

ITAÚ FOR DEVELOPERS. **Open Finance.** Última atualização em 19 jan. 2023. Disponível em: <https://developer.itau.com.br/nossas-apis/openfinance>. Acesso em: 20 jan. 2023.

JACOBSON, D.; BRAIL, G.; WOODS, D. **APIs:** a strategy guide. Sebastopol, CA: O'Reilly, 2011.

JAMSHIDI, P. *et al.* Microservices: The Journey So Far and Challenges Ahead. *In*: **IEEE Software,** vol. 35, n. 3, May/June 2018, p. 24–35.

JOCA. Produto ou plataforma? **Gyaco**, 19 mar. 2015. Disponível em: <https://www.gyaco.com/2015/03/produto-ou-plataforma/>. Acesso em: 25 jan. 2023.

JORNADA COLABORATIVA. Jornada API. **GitHub**, 04 set. 2022. Disponível em: <https://github.com/jornada-colaborativa/jornada-api>. Acesso em: 24 jan. 2023.

KANHAIYA, K.; SOURABH, E.; VINEET, K. **Open Banking Market Research, 2031.** Allied Market Research, Aug. 2022. Disponível em: <https://www.alliedmarketresearch.com/open-banking-market>. Acesso em: 25 jan. 2023.

KELMENDI, D. SOLID Principles made easy. **Hackernoon**, July 3rd, 2017. Disponível em: <https://hackernoon.com/solid-principles-made-easy-67b1246bcdf>. Acesso em: 24 jan. 2023.

KEMP, S. Digital 2022: Global Overview Report. **Data Reportal**, Jan. 26, 2022. Disponível em: <https://datareportal.com/reports/digital-2022-global-overview-report>. Acesso em: 25 jan. 2023.

KERZNER, H. **Gestão de Projetos:** as melhores práticas. Porto Alegre: Bookman, 2020.

KONG. **Kong named leader in Garter® Magic Quadrant for full life cycle API management for third year.** Nov. 17, 2022. Disponível em: <https://konghq.com/blog/gartner-magic-quadrant-api-management-2022>. Acesso em: 25 jan. 2023.

KOTLER, P.; ARMSTRONG, G. **Princípios de Marketing.** 12.ed. São Paulo: Prentice Hall Brasil, 2007.

KUMAR, A.; BALLAL, A.; UPADHYAY, H. **API-enabled digital ecosystems:** The next growth driver. [S.l.]: Deloitte, Apr. 2021.

KUZMENKO, E. API Architecture Style: differences between REST API and GraphQL. **Hackernoon**, Dec. 2nd, 2021. Disponível em: <https://hackernoon.com/api-architecture-style-differences-between-rest-api-and-graphql>. Acesso em: 26 jan. 2023.

LANFREDI, E. Injeção de dependência. **Medium**, 29 ago. 2017. Disponível em: <https://medium.com/@eduardolanfredi/inje%C3%A7%C3%A3o-de-depend%C3%AAncia-ff0372a1672>. Acesso em: 24 jan. 2023.

LÉVY, P. **O que é o virtual?** São Paulo: 34, 2003.

LINDAU, D. 8 Vital OAuth Flows and Powers. **Nordic APIs**, Oct. 16, 2018. Disponível em: <https://nordicapis.com/8-types-of-oauth-flows-and-powers/>. Acesso em: 24 jan. 2023.

LINDAU, D. The Difference Between HTTP Auth, API Keys, and OAuth. **NordicAPIs**, June 23, 2020. Disponível em: <https://nordicapis.com/the-difference-between-http-auth-api-keys-and-oauth/>. Acesso em: 24 jan. 2023.

LINKEDIN. **LinkedIn Developer Products.** Disponível em: <https://developer.linkedin.com/>. Acesso em: 23 jan. 2023.

MAIA, C. Open Insurance: entenda as mudanças e o papel das APIs. **Prensa**, 25 out. 2021. Disponível em: <https://prensa.li/axway/open-insurance-papel-das-apis/>. Acesso em: 25 jan. 2023.

MARTIN, R. C. The Open-Closed Principle. **Object Mentor SOLID Design Papers #2**, Jan. 1996. Disponível em: <https://drive.google.com/file/d/0BwhCYaYDn8EgN2M5MTkwM2EtNWFkZC00ZTI3LWFjZTUtNTFhZGZiYmUzODc1/view?resourcekey=0-FsS837CGML599A_o5D-nAw>. Acesso em: 23 jan. 2023.

MASSÉ, M. **REST API Design Rulebook.** Sebastopol, CA: O'Reilly, 2012.

MATERIALIZE. **Programação Funcional:** por que usar esse paradigma? Quais as vantagens? 17 maio 2021. Disponível em: <https://www.materialize.pro/programacao-funcional/>. Acesso em: 23 jan. 2023.

MCCHRYSTAL, S. A. **Team of teams:** the power of small groups in a fragmented world. London: Portfolio, 2015.

MCKENZIE, C. Open API (public API). **TechTarget**, last updated Oct. 2021. Disponível em: <https://searchapparchitecture.techtarget.com/definition/open-API-public-API>. Acesso em: 20 jan. 2023.

MEDJAOUI, M. *et al.* **Continuous API Management:** making the right decisions in an evolving landscape. 2nd.ed. Sebastopol, CA: O'Reilly, 2021, p. 235-277.

MEIRELLES, F. S. **Pesquisa de uso da TI – Tecnologia da Informação – nas Empresas, FGVcia.** FGV EAESP, 2022. Disponível em: <https://eaesp.fgv.br/sites/eaesp.fgv.br/files/u68/fgvcia_pes_ti_2022_-_relatorio.pdf>. Acesso em: 25 jan. 2022.

MENG, M.; STEINHARDT, S.; SCHUBERT, A. How Developers Use API Documentation: An Observation Study. **Communication Design Quarterly**, vol. 7, n. 2, 2019, p. 40-49.

META DEVELOPERS. How to design great APIs – Parse Developer Day 2013. **YouTube**, 02 out. 2013. Disponível em: <https://www.youtube.com/watch?v=qCdpTji8nxo&t=11s>. Acesso em: 26 jan. 2023.

MEYER, B. **Object-Oriented Software Construction.** 2nd. ed. Santa Barbara, CA: ISE Inc. 1997. Disponível em: <https://web.uettaxila.edu.pk/CMS/AUT2011/seSCbs/tutorial/Object%20Oriented%20Software%20Construction.pdf>. Acesso em: 11 fev. 2023.

MICHAELIS. **Software.** Disponível em: <https://michaelis.uol.com.br/moderno-portugues/busca/portugues-brasileiro/software>. Acesso em: 25 jan. 2023.

MICROSOFT. **Microsoft Strawman Proposal for a Secure Transport Layer Protocol ("STLP").** Discussion Draft 1.0, Apr. 8, 1996. Disponível em: <http://cseweb.ucsd.edu/~bsy/stlp.ps>. Acesso em: 24 jan. 2023.

MICROSOFT. **O que é:** autenticação multifator. Disponível em: <https://support.microsoft.com/pt-br/topic/o-que-%C3%A9-autentica%C3%A7%C3%A3o-multifator-e5e39437-121c-be60-d123-eda06bddf661>. Acesso em: 24 jan. 2023.

MULESOFT VIDEOS. The power of API ecosystems. **YouTube,** 18 nov. 2019. Disponível em: <https://www.youtube.com/watch?v=r8DRt7wORHE>. Acesso em: 25 jan. 2023.

MULESOFT. **How to choose the right API business model:** 3 steps to capture the maximum value from your APIs. Whitepaper. Mulesoft, 2020.

MULESOFT. **Plano dos Fundamentos da estratégia de API.** Disponível em: <https://www.mulesoft.com/pt/lp/whitepaper/api/api-strategy-essentials>. Acesso em: 25 jan. 2023.

NERY, C.; BRITTO, V. Internet já é acessível em 90,0% dos domicílios do país em 2021. **Agência IBGE Notícias**, 16 set. 2022. Disponível em: <https://agenciadenoticias.ibge.gov.br/agencia-noticias/2012-agencia-de-noticias/noticias/34954-internet-ja-e-acessivel-em-90-0-dos-domicilios-do-pais-em-2021>. Acesso em: 25 jan. 2022.

NEW RELIC. **Apdex:** Measure user satisfaction. Disponível em: <https://docs.newrelic.com/docs/apm/new-relic-apm/apdex/apdex-measure-user-satisfaction/>. Acesso em: 23 jan. 2023.

NEWMAN, S. **Building microservices.** Sebastopol, CA: O'Reilly Media, 2015.

NOGUEIRA, E. **Testando microservices com Rest-Assured:** um guia prático. Publicação independente. 2020.

NOLETO, C. Paradigmas de programação: o que são e quais os principais? **Trybe**, 26 jul. 2020. Disponível em: <https://blog.betrybe.com/tecnologia/paradigmas-de-programacao/>. Acesso em: 23 jan. 2023.

O'NEILL, M. Managing the Consumption of Third-Party APIs. **Gartner**, Feb. 02, 2018. Disponível em: <https://www.gartner.com/en/documents/3849354>. Acesso em: 25 jan. 2023.

OLYAEI, S.; AMBROSE, C.; WHEATMAN, J. Innovation Insight for Security Rating Services. **Gartner**, July 27, 2018. Disponível em: <https://www.gartner.com/en/documents/3884271>. Acesso em: 23 jan. 2023.

OPEN INSURANCE BRASIL. Site. Disponível em: <https://opinbrasil.com.br/>. Acesso em: 25 jan. 2023.

OPENAPI INITIATIVE. **OpenAPI Specification v3.1.0**. Feb. 15, 2021. Disponível em: <https://spec.openapis.org/oas/latest.html>. Acesso em: 11 fev. 2023.

OWASP. **OWASP Top 10 – 2017:** the ten most critical web application security risks. Versão portuguesa. OWASP, 2017. Disponível em: <https://wiki.owasp.org/images/0/06/OWASP_Top_10-2017-pt_pt.pdf>. Acesso em: 24 jan. 2023.

OWASP. **OWASP Top Ten.** Disponível em: <https://owasp.org/www-project-top-ten/>. Acesso em: 24 jan. 2023.

OWASP. **Vulnerabilities**. Disponível em: <https://owasp.org/www-community/vulnerabilities/>. Acesso em: 23 jan. 2023.

PEREIRA, R. Um panorama da pesquisa em blockchain no Brasil. **SBC Horizontes**, 26 maio 2022. Disponível em: <https://horizontes.sbc.org.br/index.php/2022/05/um-panorama-da-pesquisa-em-blockchain-no-brasil/>. Acesso em: 25 jan. 2023.

PEREIRA, W. A importância das APIs no Open Insurance. **Sensedia**, 08 abr. 2022. Disponível em: <https://br.sensedia.com/post/apis-in-open-insurance>. Acesso em: 25 jan. 2023.

PETRONI, A.; FRANCÉS, A. N.; MARTS, E. **Open APIs in Financial Services for dummies.** Red Hat Special Edition. Hoboken, NJ: John Wiley & Sons, 2021.

PETTEY, C. 10 Steps to the API Economy. **Gartner**, Apr. 26, 2017. Disponível em: <https://www.gartner.com/smarterwithgartner/the-road-to-the-api-economy>. Acesso em: 20 jan. 2023.

PETTEY, C. Welcome to the API Economy. **Gartner**, June 09, 2016. Disponível em: <https://www.gartner.com/smarterwithgartner/welcome-to-the-api-economy>. Acesso em: 25 jan. 2023.

Pires, E. **SOLID – Teoria e Prática – Demo + Vídeo.** 09 jan. 2015. Disponível em: <https://www.eduardopires.net.br/2015/01/solid-teoria-e-pratica/>. Acesso em: 11 fev. 2023.

PLANSKY, R. Definição, restrições e benefícios do modelo de arquitetura REST. **iMasters**, 02 out. 2014. Disponível em: <https://imasters.com.br/desenvolvimento/definicao-restricoes-e-beneficios-modelo-de-arquitetura-rest>. Acesso em: 23 jan. 2023.

PLEKTON LABS. **API Ecosystem Strategy:** how it works and why you need one. Sep. 08, 2020. Disponível em: <https://www.plektonlabs.com/api-ecosystem-strategy/>. Acesso em: 25 jan. 2023.

PORCELLO, E.; BANK, A. **Learning GraphQL:** declarative data fetching for modern web apps. Sebastopol, CA: O'Reilly, 2018.

PORTER, M. E. Operational effectiveness is not strategy. **Harvard Business Review**, vol. 74, n. 6, 1996, p. 64.

PRESSMAN, R. S.; MAXIM, B. R. **Software Engineering:** a practitioner's approach. Boston, MA: McGraw-Hill higher Education, 2014.

RED HAT. **O que é uma arquitetura orientada por eventos?** 27 set. 2019. Disponível em: <https://www.redhat.com/pt-br/topics/integration/what-is-event-driven-architecture>. Acesso em: 23 jan. 2023.

RED HAT. **What does an API gateway do?** Jan. 08, 2019. Disponível em: <https://www.redhat.com/en/topics/api/what-does-an-api-gateway-do>. Acesso em: 25 jan. 2023.

RESCORLA, E. **The Transport Layer Security (TLS) Protocol Version 1.3.** Internet Engineering Task Force, Aug. 2018. Disponível em: <https://datatracker.ietf.org/doc/html/rfc8446>. Acesso em: 24 jan. 2023.

RFC EDITOR. **RFC 2246:** The TLS Protocol Version 1.0. Jan. 1999. Disponível em: <https://www.rfc-editor.org/info/rfc2246>. Acesso em: 24 jan. 2023.

RFC EDITOR. **RFC 4346:** The Transport Layer Security (TLS) Protocol Version 1.1. Apr. 2006. Disponível em: <https://www.rfc-editor.org/info/rfc4346>. Acesso em: 24 jan. 2023.

RFC EDITOR. **RFC 5246:** The Transport Layer Security (TLS) Protocol Version 1.2. Aug. 2008. Disponível em: <https://www.rfc-editor.org/info/rfc5246>. Acesso em: 24 jan. 2023.

SALT LABS. **State of API Security.** Mar. 2022. Disponível em: <https://salt.security/api-security-trends?>. Acesso em: 11 fev. 2023.

SANTORO, M. *et al.* **Web APIs:** general-purpose standards, terms and European Commission initiatives. Luxembourg: Publications Office of the European Union, 2019.

SAUDATE, A. **REST:** Construa APIs inteligentes de maneira simples. São Paulo: Casa do Código, 2014.

SCALED AGILE. **Agile Architecture in SAFe.** Feb. 10, 2021. Disponível em: <https://www.scaledagileframework.com/agile-architecture/>. Acesso em: 26 jan. 2023.

SCALED AGILE. **Architectural Runway.** Feb. 12. 2021. Disponível em: <https://www.scaledagileframework.com/architectural-runway/>. Acesso em: 26 jan. 2023.

SCALED AGILE. **Design Thinking.** Feb. 10 2021. Disponível em: <https://www.scaledagileframework.com/design-thinking/>. Acesso em: 26 jan. 2023.

SCHNEIDER, T. Open Source vs. Open APIs. **Toni.org**, Jan. 30, 2007. Disponível em: <https://toni.org/2007/01/30/open-source-vs-open-apis/>. Acesso em: 20 jan. 2023.

SCRUMSTUDY. **Um Guia para o Conhecimento em Scrum (Guia SBOK™).** 3.ed. Avondale, AZ: ScrumStudy, 2017.

SEBRAE. **6 ferramentas para o planejamento estratégico da sua empresa.** 31 maio 2016. Atualizado em 23 dez. 2021. Disponível em: <https://www.sebrae.com.br/sites/PortalSebrae/artigos/6-ferramentas-para-o-planejamento-estrategico-da-sua-empresa,281479e90d205510VgnVCM1000004c00210aRCRD>. Acesso em: 26 jan. 2023.

SEBRAE. **Quem somos.** Disponível em: <https://www.sebrae.com.br/sites/PortalSebrae/canais_adicionais/conheca_quemsomos>. Acesso em: 26 jan. 2023.

SEBRAE. **Sebrae Canvas.** Site. Disponível em: <https://sebraecanvas.com/>. Acesso em: 26 jan. 2023.

SERPRO. Site. Disponível em: <https://www.serpro.gov.br/>. Acesso em: 24 jan. 2023.

SHOSTACK, A. **An Overview of SSL (version 2).** May 1995. Disponível em: <www.homeport.org/~adam/ssl.html>. Acesso em: 24 jan. 2023.

SIRIWARDENA, P. **Advanced API Security:** OAuth 2.0 and beyond. 2nd.ed. New York, NY: Apress, 2019.

SLASHDATA. **State of the Developer Nation:** the latest trends from our Q3 2020 survey of 17,000+ developers. 19th ed. Oct. 2020. Disponível em: <https://www.slashdata.co/free-resources/developer-economics-state-of-the-developer-nation-19th-edition>. Acesso em: 03 fev. 2023.

SOHAN, S. H. *et al.* A Study of the Effectiveness of Usage Examples in REST API Documentation. *In*: **IEEE Symposium on Visual Languages and Human-Centric Computing (VL/HCC)**, 2017, pp. 53-61, doi: 10.1109/VLHCC.2017.8103450.

SOUZA, I. Afinal, o que é JSON e para que ele serve? Descubra agora! **Rockcontent**, 22 set. 2020. Disponível em: <https://rockcontent.com/br/blog/json/>. Acesso em: 20 jan. 2023.

STOYKO, T. Code Quality Principles: what is clean code? **Incora**, Jan. 31, 2022. Disponível em: <https://incora.software/insights/clean-code-principles/21>. Acesso em: 24 jan. 2023.

SUSEP. **Open Insurance.** Disponível em: <https://www.gov.br/susep/pt-br/assuntos/open-insurance>. Acesso em: 25 jan. 2023.

SYME, M.; GOLDIE, P. **Optimizing network performance with content switching:** server, firewall, and cache load balancing. Upper Saddle River: Pearson Education, 2004.

TANEMBAUM, A. S. **Computer Networks.** 4th.ed. Upper Saddle River, NJ: Prentice Hall, 2003.

TAVARES, V. Y. **Open insurance:** quais são as mudanças esperadas no mercado segurador brasileiro? Trabalho de Conclusão de Curso (Bacharelado em Ciências Atuariais) – Universidade Federal de São Paulo, Escola Paulista de Política, Economia e Negócios, 2022. Disponível em: <https://repositorio.unifesp.br/handle/11600/63207>. Acesso em: 25 jan. 2023.

THE NORDIC APIS WRITING TEAM. **API as a Product:** tips for running an API-centric SaaS business. [S.l.]: Nordic APIs, 2021-2022.

THE OPEN GROUP. The TOGAF® Standard. Version 9.2. The Open Group, 2018. 504p. ISBN 1-947754-11-9. E-book PDF.

TORRES, J. **Gestão de produtos:** como aumentar as chances de sucesso do seu software. 3.ed. São Paulo: Casa do Código, 2015.

TRANSPARENT DATA. Short history of API | From cabinet to big BOOM. **Medium**, July 20, 2022. Disponível em: <https://medium.com/transparent-data-eng/short-history-of-api-from-cabinet-to-big-boom-894c56b2c332>. Acesso em: 20 jan. 2023.

TUCKMAN, B. W. Developmental sequence in small groups. **Psychological bulletin**, vol. 63, n. 6, 1965, p. 384

W3C. **SOAP Version 1.2 Part 1:** messaging framework (second edition). W3C Recommendation 27 Apr. 2007. Disponível em: <https://www.w3.org/TR/soap12/>. Acesso em: 26 jan. 2023.

WALTON, M. **O método Deming de Administração:** Walter Edwards Deming, o gênio americano que revitalizou a indústria japonesa. Rio de Janeiro: Marques Saraiva, 1989.

WASSON, M. Autenticação básica no ASP.NET Web API. **Microsoft**, 21 set. 2022. Disponível em: <https://docs.microsoft.com/pt-br/aspnet/web-api/overview/security/basic-authentication>. Acesso em: 24 jan. 2023.

WEIR, L. A. **Enterprise API Management:** design and deliver valuable business APIs. [s.l.]: Packt Publishing, 2019.

WIKIPEDIA. **Open API.** Disponível em: <https://en.wikipedia.org/wiki/Open_API>. Acesso em: 20 jan. 2023.

WIKIPÉDIA. **Princípio da segregação de interface.** Disponível em: <https://pt.wikipedia.org/wiki/Princ%C3%ADpio_da_segrega%C3%A7%C3%A3o_de_Interface>. Acesso em: 24 jan. 2023.

WIKIPÉDIA. **Produto (marketing).** Disponível em: <https://pt.wikipedia.org/wiki/Produto_(marketing)>. Acesso em: 25 jan. 2023.

WIKIPÉDIA. **Quadro de modelo de negócios.** Disponível em: <https://pt.wikipedia.org/wiki/Quadro_de_modelo_de_neg%C3%B3cios>. Acesso em: 26 jan. 2023.

WIKIPEDIA. **Roy Fielding.** Disponível em: <https://en.wikipedia.org/wiki/Roy_Fielding>. Acesso em: 23 jan. 2023.

ZACHARIADIS, M.; OZCAN, P. The API Economy and Digital Transformation in Financial Services: the case of open banking. **Swift Institute Working Paper n. 2016-001**, June 15, 2017.

Agradecimentos e dedicatórias

Dedico mais um livro aos amores da minha vida: meus filhos Lucas e Luisa, minha esposa Keila, meus pais Iracema e José Prado e meus irmãos Simone, Paulo e Sandra. Agradeço a Deus essa nova conquista e agradeço ao time organizador pelo comprometimento na curadoria e aos coautores pela dedicação e excelência que resultou em mais uma obra incrível para nossa série da Jornada Colaborativa. Parabenizo o time organizador pela revisão técnica e em especial às amigas Ana Clara Gonzaga e Clara Érica pela liderança do time. Agradeço a meus familiares e amigos da Advisor10X, Jornada Colaborativa e ADAXL pelas oportunidades de aprendizado e aos milhares de alunos, leitores e participantes das minhas palestras pela grande receptividade e troca de experiências que me tornam uma pessoa melhor a cada dia.
Antonio Muniz

Sempre acompanhei o trabalho da jornada e foi um prazer enorme receber esse desafio de liderar o livro de API. Ao meu mentor Muniz, agradeço a confiança. É um projeto complexo e que demandou, além dos conhecimentos técnicos, muito de minha liderança e resiliência. Agradeço minha família por viver este livro junto comigo. A meu companheiro de vida, Lucas, por me apoiar em todos os aspectos da vida e sempre estar ao meu lado em todos os desafios. E meus filhos Malu e Davi, por esperar a mamãe terminar as tarefas do livro para brincarmos juntos. Agradeço também a Clara Érica por ter segurado minha mão nessa jornada e a Bárbara, Dorival e Maurício por terem nos auxiliado na reta final de entrega.
Ana Clara Gonzaga Barros

Agradeço em primeiro lugar a Deus, que sempre me guia em todos os desafios, depois ao meu esposo e sócio Gabriel da Conceição, que tem sido meu apoio e meu melhor amigo! Ao Antonio Muniz, líder cujos passos sigo para estar sempre me aperfeiçoando. À minha família natural e espiritual, que são minhas bases. Agradeço imensamente à

Ana Clara e à Clara Castro, que foram líderes exemplares e mulheres que eu admiro muito como pessoas e profissionais. Ao Maurício e principalmente ao Dorival, por ter sido um grande parceiro nas revisões e na escrita. Finalmente, a todos os coautores que muito se dedicaram para trazer um conteúdo incrível. Enfim, aos amigos que conheci escrevendo este livro que são presentes de Deus em minha vida e certamente na vida dos leitores. Espero que gostem do conteúdo!
Bárbara Cabral da Conceição

Sou apaixonada por qualidade, *DevOps* e agilidade. Eu me formei como Bacharel em Ciência da Computação e Bacharel em Matemática pela Unisanta (Universidade Santa Cecília em Santos). Fiz Pós-Graduação em Consultoria em Internet na FASP (Faculdades Associadas de São Paulo). Iniciei minha carreira em tecnologia como digitadora no Serpro (Serviço Federal de Processamento de Dados) e fiz estágio em uma das três maiores companhias siderúrgicas do Brasil, a COSIPA (Companhia Siderúrgica Paulista). Trabalhei para grandes bancos brasileiros, como Banco Safra, Banco Bradesco, Banco ABN AMRO Real, Banco Santander e para a seguradora Sulamérica Seguros. Durante muitos anos trabalhei na área de Qualidade e com o advento da agilidade e da transformação digital, a busca por conhecimento se tornou uma rotina. Depois de alguns anos, fui apresentada à Jornada Colaborativa e assim iniciou-se minha jornada no voluntariado na área de tecnologia, começando por mentoria, evoluindo para organização de salas dos eventos nos papéis de anjo, *host* e líder. Hoje sou palestrante em eventos e comunidades de tecnologia como TDC (*The Developers Conference*), *DevOps & SRE Speedy* da XP Educação, MTC (*Minas Testing Conference*), DWC (*Dev Women Conference*), Open Room Ágil, Agilistas Imparáveis, Mindset Ágil, Pipoca Ágil, Agile Trends, entre outros, pois amo compartilhar conhecimento e minhas experiências. Sou professora na XP Educação no curso de SRE e em 2023 começarei a dar aulas no curso de *DevOps*. Em 2022 fui vencedora do prêmio internacional da DASA (*DevOps Agile Skills Association*) na categoria *DevOps Community Member Award*, onde profissionais são premiados por sua contribuição à comunidade. Tudo isso me trouxe ainda mais ânimo para ser coautora nos livros da Jornada Colaborativa. A convite do fundador Antonio Muniz, iniciei como curadora deste livro de API. Agradeço imensamente pela confiança do Muniz e principalmente pela liderança, pela parceria e pelo engajamento da Ana Clara Gonzaga. Agradeço especialmente ao meu marido Lupércio, que me apoiou e me incentivou em todos os momentos!
Clara Érica Takayama de Castro

Dedico esta obra a meu pai Osvaldo Querino e minha mãe Maria das Mercês, que, com sacrifício, criaram oito filhos e, enfrentando condições muito difíceis, incutiram-lhes o espírito de luta e integridade na busca por uma vida melhor. Nossa mãe, enquanto trabalhava na roça junto ao meu pai, incentivava os filhos, apontando o estudo como caminho para a realização dos sonhos. Muitas vezes vi meu pai soldar peças de rádio aquecendo soldador no fogão de lenha por não termos eletricidade – uma inspiração para momentos difíceis. A meus irmãos e irmãs, por todas as dificuldades que passamos juntos e que só nos fortaleceram, irmãos que sempre me incentivaram a superar limites e ser exemplo para a família. À minha esposa Marlene, filho Rafael, filhos que criei como se fossem meus próprios – Vagner Mattos e Carlos Eduardo Mattos –, que suportaram minhas ausências, os desafios que passamos, as vezes que choramos e sorrimos. Hoje sabemos que tudo trouxe crescimento e uma experiência única que levaremos para toda a vida. Aos idealizadores deste livro e tantos outros professores, mentores, criadores de conteúdo e influenciadores que inspiram as pessoas a acreditar, lutar pelos seus sonhos e a construir uma versão melhor de si mesmas.
Dorival Querino

Sempre fui apaixonado por tecnologia e com o passar dos anos isso foi aumentando cada vez mais. Em 2009 me formei em Sistemas de Informação pela Universidade de Cuiabá. A partir de 2012 iniciei a minha carreira no mundo *open source* na Red Hat ajudando clientes a solucionar problemas na plataforma JBoss. Posteriormente trabalhei como consultor de *middleware* e tive a oportunidade de viajar o Brasil entendendo e solucionando problemas de clientes governamentais e da iniciativa privada. Em 2016 dei um novo passo e iniciei a carreira como engenheiro de manutenção na plataforma Openshift, onde tive a oportunidade de ajudar clientes ao redor do mundo que estavam dando os primeiros passos com Openshift/Kubernetes. Em 2018 comecei uma nova jornada no time de engenharia da Red Hat, onde sem dúvida consegui aprender inúmeros novos conceitos de desenvolvimento e qualidade. Sendo assim, foi muito interessante participar de um livro da Jornada Colaborativa, pois, realmente, representa os valores nos quais acredito. Gostaria de agradecer a todos os participantes, mas especialmente a Ana Clara Gonzaga Barros e Clara Érica Takayama de Castro, pois, sem elas, com certeza este livro não teria acontecido. Agradeço também ao Antonio Muniz por sempre guiar os integrantes aos melhores caminhos. Para finalizar, agradecimento ainda mais especial a minha amada Nayara, por sempre me apoiar em todos os meus desafios e ideias.
Maurício Magnani

Sobre os autores

Acesse o *QR Code* e confira nome, foto, minibio e perfil do LinkedIn dos nossos coautores.

<https://jornadaapinapratica.jornadacolaborativa.com.br/coautores>